365日楽しめる
私の保存食ノート

はじめに

この本は、私が作った保存食の日々の記録を１冊にまとめたものです。保存食は、作れば作るほど愛着がわく魅力的な料理。季節を感じることを大切に、四季の旬の味をもっとおいしくいただきたいと毎年愛情を込めて作っています。自分で手作りすると、安心なだけでなく、熟成していく様子や仕上がりも楽しみに。この本を通して、保存食のおいしさと楽しさを感じ、そして一つでもお気に入りのレシピを見つけていただけたら幸いです。

中村 佳瑞子

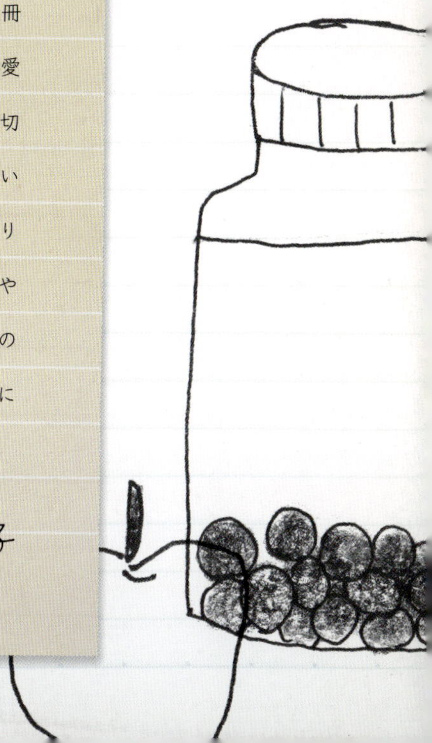

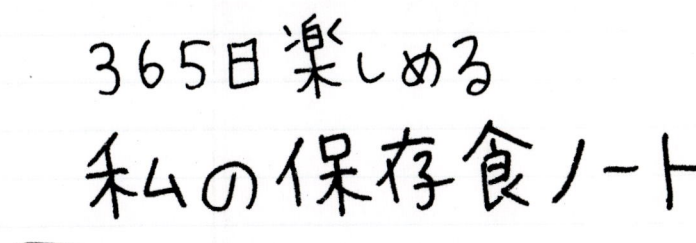

CONTENTS

保存食を上手に作る4つのコツ …… 6
保存食の作りどきカレンダー ……… 8

Part.1
野菜・梅

野菜のぬかみそ漬け ……………… 11
梅干し ……………………………… 14
梅シロップ ………………………… 18
♛赤じそジュース ………………… 19
らっきょうの甘酢漬け …………… 22
にんにくのしょうゆ漬け ………… 23
新しょうがの甘酢漬け …………… 26
♛しょうがシロップ ……………… 27
白菜漬け …………………………… 30
白菜の中華風漬け ………………… 31
白菜キムチ ………………………… 34
カクテキ＆オイキムチ …………… 35
たくあん …………………………… 38
べったら漬け ……………………… 39
干しいも …………………………… 42
干し野菜3種 ……………………… 43
紅しょうが ………………………… 46
福神漬け …………………………… 47
♛みょうがの甘酢漬け …………… 50
たけのこの水煮 …………………… 51
きゅうりのピクルス ……………… 54
♛カリフラワーのピクルス ……… 54
ドライトマトのオイル漬け ……… 55
さんしょうの実の佃煮 …………… 55

Part.2
果実

夏みかんのマーマレード ………… 59
いちごの丸粒ジャム ……………… 62
りんごジャム ……………………… 63
ブルーベリージャム ……………… 66
ゆずジャム ………………………… 66
キウイジャム ……………………… 67
♛ラズベリージャム ……………… 67
いちじくのコンポート …………… 70
干しあんずのシロップ漬け ……… 71
栗の渋皮煮 ………………………… 74
♛きんかんの丸煮 ………………… 75

Part.3
魚

あじの干物 ………………………… 79
さんまの丸干し …………………… 82
さんまのみりん干し ……………… 83
さばの文化干し …………………… 86
しめさば …………………………… 87
♛さわらのみそ漬け ……………… 90
たいの粕漬け ……………………… 91
いかの塩辛 ………………………… 94
いかのくん製 ……………………… 95

Part.4
常備菜
ゆで豚＆焼き豚	103
豚肉の南蛮漬け	106
鶏肉のみそ漬け	106
牛肉のしょうが煮	107
鶏肉の粕漬け	107
肉みそ	110
五目煮豆	111
きゃらぶき	114
炒り大豆のしょうゆ漬け	114
大根の葉の佃煮	115
ごまみそ	115
♛ 小魚のくぎ煮	118
あさりのしぐれ煮	118
のりの佃煮	119
昆布の佃煮	119

Part.5
果実酒
梅酒	123
いちご酒	126
びわ酒	127
クランベリー酒	130
アロエ酒	130
ブルーベリー酒	131
レモン酒	131

Part.6
調味料
みそ	135
トマトソース	138
♛ ラー油	138
♛ トマトケチャップ	139
マヨネーズ	139

我が家の自家製タレ・ソース
トマトピューレ	142
中華ダレ	142
焼き肉のタレ	142
バーベキューソース	142
すしめしの合わせ酢	142
二杯酢	143
三杯酢	143
甘酢	143
そばつゆ	143
天つゆ	143
白あえの衣	143

昔ながらのおやつ
あられ	144
練りようかん	144
かりんとう	144
いもようかん	145
くるみのあめ煮	145
ナッツキャンディー	145
べっこうあめ	145

＊この本の使い方＊

◎ 計量の単位は、大さじ1は計量スプーンの15ml、小さじ1は5ml、1カップは計量カップの200mlです。
◎ 長期保存する場合は、容器を必ず煮沸消毒してから使いましょう。
◎ 保存期間はあくまでも目安で、保存状況や気温、季節によって変わります。
◎ 作り方のページに載っているmemo欄は、あなたが作るときに直接記入して、あなただけのレシピを作るのに役立ててください。
◎ 作り方のページ上のチェック欄は、あなたがそのページの保存食を作ったときに、目安としてチェックしていただくためのものです。
◎ コンテンツの中で♛マークがついているところは、中村先生おすすめの「読者の皆さんにぜひ作っていただきたいレシピ」です。参考になさってください。

保存食を上手に作る４つのコツ

1 季節のこと

日本は、春夏秋冬すべての季節を肌で感じて過ごすことができる素敵な国。四季の変化があるからこそ、旬の味が楽しめます。私は昔から、旬のおいしさをギュッと閉じこめて作る保存食が大好き。祖母が作る梅干し、母が毎年漬けるらっきょう……気づくと、いつも保存食を口にしていました。保存食を作る時は「ぬか床は夏場は冷蔵庫に入れ、冬場は室温に出す」なんていう、さじ加減が大切。食材選びや作るタイミングを、季節と相談しながら気長にのんびり作るのが、保存食と上手につき合う秘訣ではないでしょうか。

2 殺菌のこと

心を込めて作った保存食も、保存する容器が汚れていると、かびが生えたり腐ったりして食べられなくなってしまいます。まずは、容器を殺菌することが大切。短期間の保存には、ふたの付いた容器やびん、プラスチックの密閉容器で十分。保存食を入れる前には、先に入っていた食材のにおいなどがついていないか確かめ、殺菌効果のある洗剤で洗うか、熱湯をかけて消毒してから使うと安全です。長期間の保存には、びんなどを煮沸消毒してから使いましょう。大きめのびんや、カメは焼酎を吹きかけて消毒する方法もあります。

3 少しだけ手間をかけること

保存食は、少しだけ手間をかけることでぐっと長持ちします。一番良い方法は、びんにつめた食品を「脱気」すること。脱気とは、中身が入ったびんを、びんごと煮沸し、中の空気を抜いて保存性を高くすることです。脱気の方法は、①中身の入ったびんのふたを軽くしめて深めのなべに並べ、びんの7分目まで湯をそそぎ、火にかける。②15分したらびんをとり出し、再度ふたをしっかりしめ直して、ふたが下になるように網の上にのせて自然に粗熱をとる。③ふたの中央がへこんでいれば完成です。

4 保存のこと

脱気が済んだら、今度はそれらを保存する場所を考えます。びんに食品名と製造年月日、食べごろなどを書いたラベルを貼っておくと、後で便利です。基本的に保存食は、冷暗所、常温、冷蔵庫で保存することが多いのですが、冷暗所とは15度以下の直射日光の当たらない、温度変化の少ない涼しいところ。また、常温とは15～20度（夏場の平均的なキッチンの温度は25度以上）、ということを頭におき、家の中での保存場所を決めます。ちなみに冷蔵室は0～10度、冷凍室はマイナス18度以下なので参考に。

保存食の作りどきカレンダー

最近では、１年中ほとんどの食材が手に入るので、旬を感じることが少ないかもしれません。
でも、旬の時期はその食材が一番おいしく、栄養価も高いのです。
さらに、保存食は、旬の食材を使って作るとよりおいしくなります。
そこで、このノートに載っている保存食がどの時期に作られているか、季節別に分けました。

SPRING 春

たけのこの水煮　P51（4～5月）
夏みかんのマーマレード　P59（4～6月）
きゃらぶき　P114（3～5月）
小魚（小女子など）のくぎ煮　P118（3～4月）
あさりのしぐれ煮　P118（12～5月）

SUMMER 夏

梅干し　P14（5～6月）
梅シロップ　P18（5～6月）
赤じそジュース　P19（6～8月）
らっきょうの甘酢漬け　P22（5～7月）
にんにくのしょうゆ漬け　P23（5～7月）
新しょうがの甘酢漬け　P26（5～7月）
しょうがシロップ　P27（5～10月）
オイキムチ　P35（5～8月）
紅しょうが　P46（5～7月）
みょうがの甘酢漬け　P50（5～9月）
きゅうりのピクルス　P54（5～8月）
ドライトマトのオイル漬け　P55（6～8月）
さんしょうの実の佃煮　P55（5～6月）
ブルーベリージャム　P66（6～8月）
ラズベリージャム　P67（6～8月）
いちじくのコンポート　P70（5～9月）
あじの干物　P79（5～7月）
さばの文化干し　P86（5～12月）
しめさば　P87（5～12月）
いかの塩辛　P94（5～2月）
いかのくん製　P95（5～2月）
梅酒　P123（5～6月）
びわ酒　P127（5～7月）
ブルーベリー酒　P131（6～8月）
トマトソース　P138（6～8月）
トマトケチャップ　P139（6～8月）

AUTUMN 秋

- 干しいも P42（9月）
- カリフラワーのピクルス P54（10〜1月）
- 栗の渋皮煮 P74（9〜11月）
- さんまの丸干し P82（9〜12月）
- さんまのみりん干し P83（9〜12月）
- 鮭のマリネ P98（5〜11月）
- オイルサーディン P99（9〜12月）
- クランベリー酒 P130（8〜10月）

WINTER 冬

- 白菜漬け P30（11〜1月）
- 白菜の中華風漬け P31（11〜1月）
- 白菜キムチ P34（11〜1月）
- カクテキ P35（10〜2月）
- たくあん P38（10〜2月）
- べったら漬け P39（10〜2月）
- いちごの丸粒ジャム P62（12〜5月）
- りんごジャム P63（10〜3月）
- ゆずジャム P66（12〜2月）
- キウイジャム P67（11〜5月）
- きんかんの丸煮 P75（12〜2月）
- さわらのみそ漬け P90（12〜2月）
- たいの粕漬け P91（12月、3〜4月）
- 大根の葉の佃煮 P115（10〜2月）
- いちご酒 P126（12〜5月）
- レモン酒 P131（12〜2月）

ALL SEASON 通年

- 野菜のぬかみそ漬け P11
- 干し野菜3種 P43
- 福神漬け P47
- 干しあんずのシロップ漬け P71
- ゆで豚 P103
- 焼き豚 P103
- 豚肉の南蛮漬け P106
- 鶏肉のみそ漬け P106
- 牛肉のしょうが煮 P107
- 鶏肉の粕漬け P107
- 肉みそ P110
- 五目煮豆 P111
- 炒り大豆のしょうゆ漬け P114
- ごまみそ P115
- のりの佃煮 P119
- 昆布の佃煮 P119
- アロエ酒 P130
- みそ P135
- ラー油 P138
- マヨネーズ P139

Part. 1

Vegetable
野菜・梅

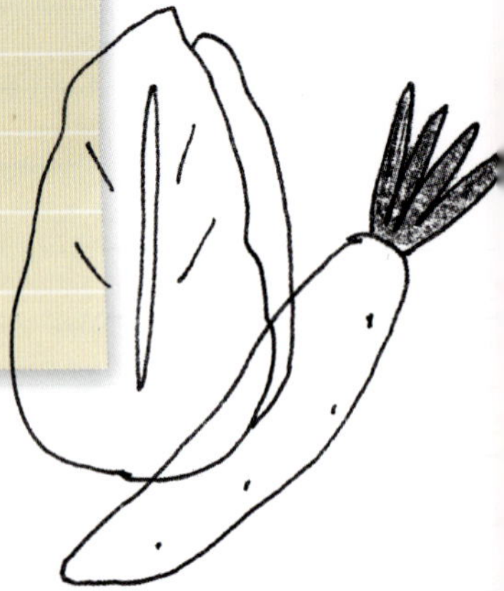

＊ 作ったレシピ ＊

野菜のぬかみそ漬け　梅干し　梅シロップ

赤じそジュース　らっきょうの甘酢漬け

にんにくのしょうゆ漬け　新しょうがの甘酢漬け　しょうがシロップ

白菜漬け　白菜の中華風漬け　白菜キムチ　カクテキ　オイキムチ

たくあん　べったら漬け　干しいも　干し野菜３種

紅しょうが　福神漬け　みょうがの甘酢漬け

たけのこの水煮　きゅうりのピクルス　カリフラワーのピクルス

ドライトマトのオイル漬け　さんしょうの実の佃煮

no. 1

野菜のぬかみそ漬け

新鮮な夏野菜でぬかみそ漬けを作った。
ぬか床は夏場は冷蔵庫、冬場は室温におき、
毎日底からかき混ぜて手入れをすれば、何年でも使える。
添加物が一切入らないから、毎日食べても安心。

no. 1

野菜のぬかみそ漬け

● **材料**〈作りやすい分量〉

米ぬか … 1kg

塩 … 200g

水 … 3カップ

赤とうがらし … 2本

くず野菜 … 適量

本漬け野菜(なす、きゅうり、にんじん、みょうがなど) … 各適量

● **作り方**

1 米ぬかは中華なべでから炒りし、よく冷ましておく。

2 ふた付きの陶製、ホーロー引き、ガラス製などの容器に①と塩、水を入れてよく混ぜ、赤とうがらしを加えてさらに混ぜ、ぬか床を作る。

3 くず野菜を入れてよく混ぜ、表面を平らにならして2～3日おく。この間も毎日混ぜる。

4 塩けがなじんだら、ぬか床からくず野菜をとり出す。

5 本漬け用の野菜は、1回分ずつよく洗って水けをきり、軽く塩もみしてぬか床に漬け込み、表面を平らにならしおく。常温でひと晩漬けたら完成。冷蔵庫だと2～3日後から食べられる。

6 ぬか床がゆるくなったら、乾いたふきんで水分をとり、塩を足す。

7 炒りぬかを使うときは、炒らずに使う。生ぬかを炒って使うほうが傷みにくく味が良いと言われている。

CHECK !

＊賞味期限：
手入れをすれば一生保存可能

プロセス

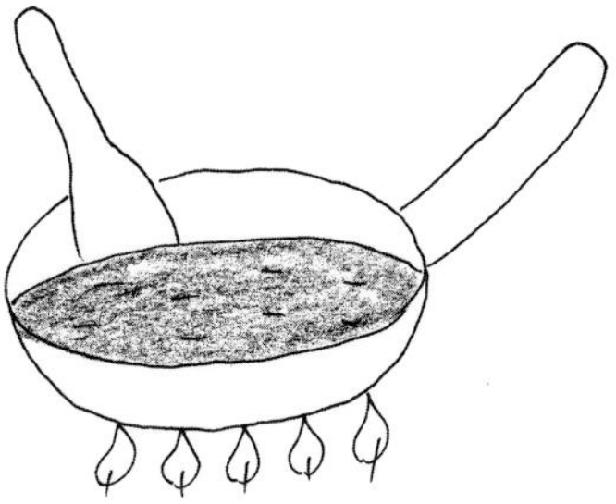

A 米ぬかはから炒りし
よく冷ましておく

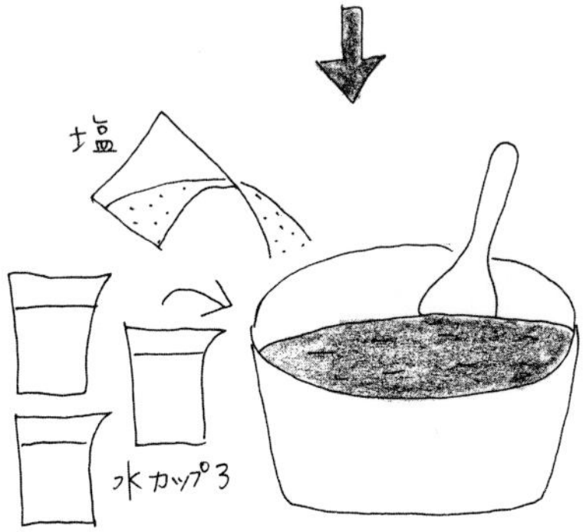

B 米ぬかと塩をよく混ぜ
水を加えて ぬか床を作る

C くず野菜を入れてよく混ぜ
表面を平らにならして2～3日おく

D ぬか漬け用の野菜を
軽く塩もみし、ぬか床に
漬け込む。
ぬか床は毎日混ぜる

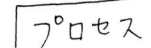

no. 2

梅干し

梅干しには少し熟した梅を使うので、
今年も6月中旬ごろから作業開始。
自家製にすると塩分、やわらかさを加減できるうえに、
梅酢やゆかりも利用できるから、やっぱり便利。

CHECK !

＊賞味期限：
常温または冷蔵庫で約１年

no. 2

梅干し

● 材料〈作りやすい分量〉

梅（少し黄色に熟したもの）… 2kg
塩（梅用）… 240g
焼酎 … 大さじ4
赤じその葉 … 200g
塩（赤じそ用）… 30g

赤梅酢

赤梅酢は、赤じそを使って梅干しを漬けたときに出る汁。赤じそを入れないものは白梅酢と言う。梅のさわやかな酸味が楽しめるので、すし酢に入れたり野菜のあえものに使ったりと重宝する。賞味期限は冷蔵庫で約１年。

● 作り方

1 竹ぐしで梅のへたをとる。
2 さっと洗い、たっぷりの水にひと晩漬けてアクを抜く。
3 ざるに上げて水けをきり、全体に焼酎をふりかけ、保存用の清潔な容器の中に入れる。
4 ③の梅の表面を平らにならしたあと、塩をまぶす。清潔な落としぶたをし、梅の重さの２倍くらいの重しをのせ、ほこりが入らないように紙などでおおって冷暗所におく。
5 ３日目くらいから水が上がってくる（白梅酢）。水が上がらない場合は、梅の上下を返すか、塩を少し足す。水がよく上がったら重しを半分にして、赤じそが出回る時期まで漬けておく。
6 赤じそは洗って、葉を摘み、陰干しする。
7 ⑥に塩をふってよくもみ、水けをかたくしぼる。この赤じそに白梅酢をかけてもみ、赤じそを梅にのせ、もんだ紫紅色の汁をそそぎ入れる、
8 ⑦に重しと紙ぶたをして冷暗所におく。約３週間そのまま漬けておく。
9 平らなざるなどに梅としそをとり出して、日が当たる風通しの良いところに２～３日干す。
10 ⑨をびんやカメに入れて冷暗所で保存する。半年以上経つと味がなじんでよりおいしくなる。

プロセス

A 竹ぐしで梅のへたをとる

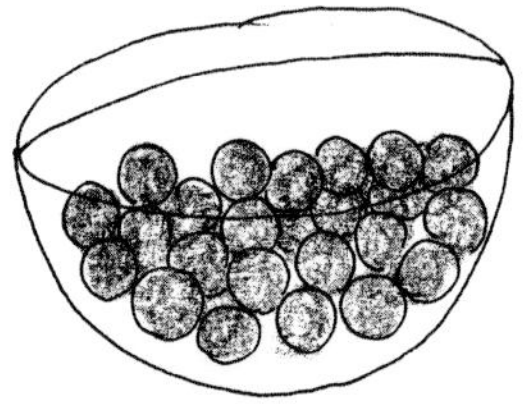

B さっと洗いたっぷりの水にひと晩ひたす

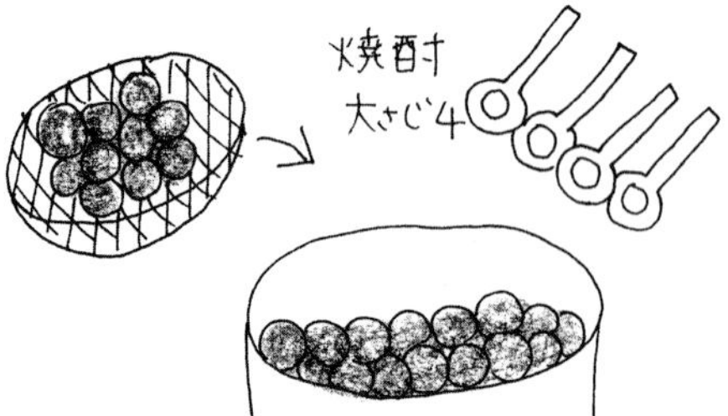

C 容器の中に焼酎をふりかけながら入れる

D 塩をまぶす

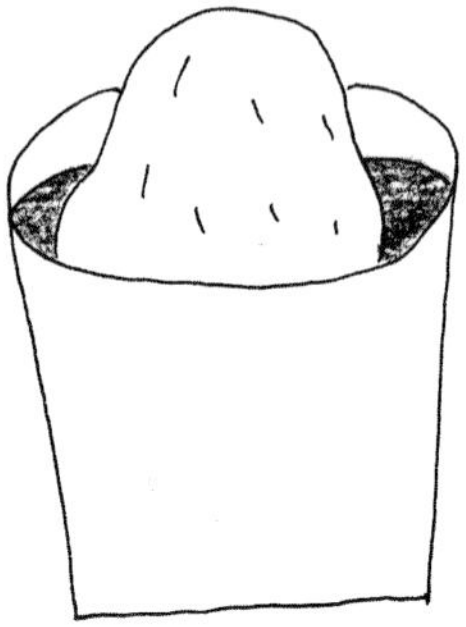

E 梅の重さの2倍くらいの重しをのせ紙などでおおって冷暗所に

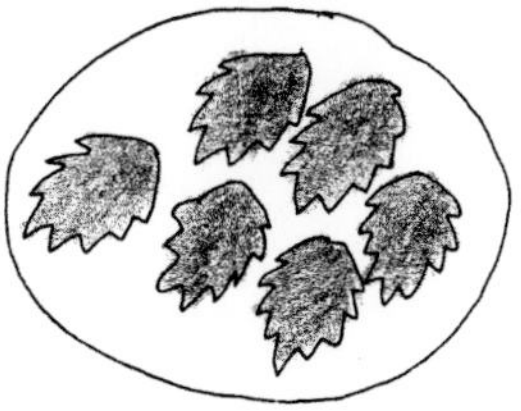

F 赤じそは洗って30分ぐらい陰干しする

G 塩をふってよくもむ

H 水けをかたくしぼる

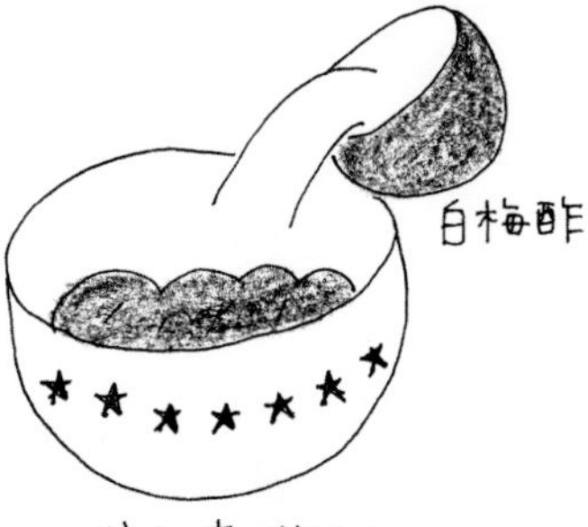

I しぼった赤じそに白梅酢をかけてもむ

J 赤じそを梅にのせもんだ紫紅色の汁をそそぐ

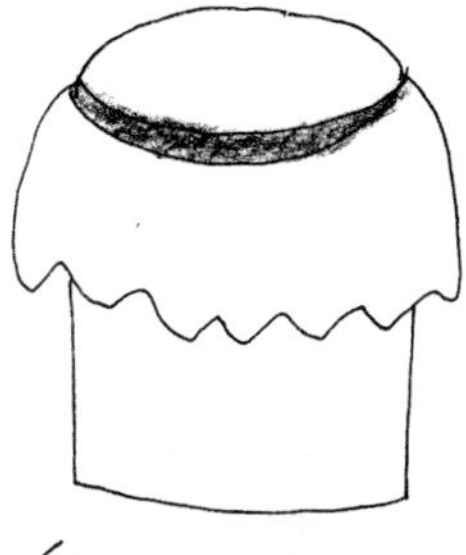

K 重しと紙ぶたをして冷暗所におく

no. 3
梅シロップ

梅エキスをたっぷり含んだシロップは、
暑い夏にぴったりの大好きな飲み物。
氷を入れたグラスにシロップを入れ、水で３〜４倍に
薄めて飲めば、夏の疲れも一気にふきとびそう。

no. 4

赤じそジュース

鮮やかな赤が見た目にきれいなお気に入りのジュース。
今年も赤じその季節になったから、
たっぷり仕込んで毎日飲もう。
さわやかな味は、大人にも子どもにも喜ばれそう。

no. 3 梅シロップ

＊賞味期限：
冷蔵庫で約２～3カ月

CHECK !

● **材料**〈作りやすい分量〉

梅 … 500g

氷砂糖 … 300 ～ 500g

● **作り方**

1 青梅または黄色く熟した梅を洗って、水けをふきとる。

2 煮沸消毒した広口びんに、梅と氷砂糖を⅓くらいずつ交互に入れ、冷暗所におく。

3 時々びんをゆする。約 1カ月で出来上がり。

※なるべく夏のうちに飲み終えるほうがよい。梅は、とり出して砂糖と煮詰めれば梅ジャムになる。

代用品Memo

氷砂糖はグラニュー糖にかえてもOK！

no. 4

＊賞味期限：冷蔵庫で約半年

CHECK !

赤じそジュース

● **材料**〈作りやすい分量〉

赤じその葉…300g

水…1.5ℓ

酢…1カップ

砂糖…300～500g

● **作り方**

1 赤じそは葉を摘みとり、よく洗って水けをきる。

2 なべに水と酢を入れてあたため、赤じそを入れて煮立てないように弱火で約1分煮出す。

3 ②を熱いうちにこす。

4 なべにこした液を入れて砂糖を加え、弱火で砂糖をとかす。

5 煮沸消毒したびんに④を入れ、冷蔵庫で保存する。

memo

no. 5
らっきょうの甘酢漬け

カリっとした歯ざわりと、独特の香りが
特徴のらっきょう漬け。そのまま食べるだけでなく、
チャーハンやドレッシングに入れて調味料がわりに。
うちの食卓に欠かせない一品。

no. 6
にんにくのしょうゆ漬け

作り方はいたってシンプルなのに、使いみちは色々。
薄切りにして酒の肴にしたり、焼き肉のタレや
調味料としても使える。野菜、肉、魚……、
どんな食材とも相性抜群だからうれしい。

no. 5

＊賞味期限：冷蔵庫で約１年

CHECK !

らっきょうの甘酢漬け

● **材料**〈作りやすい分量〉

〈塩漬け用〉

らっきょう(土付きのもの)…１kg

塩…100g

水…½カップ

酢…１カップ

赤とうがらし…３本

〈甘酢漬け用〉

塩漬けしたらっきょう…適量

酢…１カップ

砂糖、みりん…各½カップ

● **塩漬けの作り方**

1 らっきょうは土付きのままボウルに入れ、たわしでよくこすって泥を落とす。

2 根元と茎の部分を浅く切りそろえる。

3 水をとりかえながらよく洗い、薄皮をとり除き、ざるに上げて水をきる。

4 らっきょうに塩をまぶしながら、赤とうがらしと共に煮沸消毒した容器に入れ、酢と水をそそぐ。

5 重しをして約２週間おく。

6 保存用なら、ふたをして、このまま冷暗所で保存する。

● **甘酢漬けの作り方**

1 塩漬けしたらっきょうを必要な分だけとり出し、平らなざるの上などに広げて２～４時間干す。

2 なべに酢、砂糖、みりんを合わせてひと煮立ちさせ、冷ます。

3 ①を煮沸消毒したびんに入れ、②をそそぎ、らっきょうが浮かないようにラップなどでおさえる。

4 ２週間で食べごろになる。

重しのかわりに
ラップなどで
おさえる程度でもよい

no. 6

＊賞味期限：冷蔵庫で約半年

CHECK !

にんにくのしょうゆ漬け

● **材料**〈作りやすい分量〉

にんにく … 10 かけ
しょうゆ … 200㎖
（にんにくがひたる量）

● **作り方**

1 にんにくの外皮をむき、根と茎を切り、薄皮もきれいにとり除く。

2 にんにくを煮沸消毒したびんに入れ、にんにくが十分ひたる量のしょうゆをそそぐ。

3 1 週間ぐらいで食べられるが、長くおくほど風味が良くなる。

memo

no.7 新しょうがの甘酢漬け

やわらかい新しょうがの皮は、スプーンでむくと
うまく出来ることを知り、大感激！
シャキシャキとした歯ざわりと、
甘酢の風味でついつい食べてしまうおいしさ。

体をあたためる効果のあるしょうがを、シロップにして保存。
お湯やソーダで割っても、紅茶やブランデーに入れても
おいしく、香りもたっぷり楽しめるからお気に入り。

no. 8
しょうがシロップ

no. 7

＊賞味期限：冷蔵庫で約３カ月

CHECK !

新しょうがの甘酢漬け

● **材料**〈作りやすい分量〉

新しょうが … 200g

酢 … 1カップ

砂糖 … 40g

塩 … 少々

● **作り方**

1 しょうがは洗ってスプーンなどで皮をむき、薄切りにする。水にさらし、ざるに上げて水けをきっておく。

2 ボウルに酢を入れ、砂糖と塩を入れてよく混ぜ、甘酢を作る。

3 たっぷりの湯で①をさっとゆで、水けをきる。

4 煮沸消毒したびんに、熱いままの③を入れ、②をそそいでしょうががひたっている状態にする。

5 ④を冷蔵庫で保存する。

memo

no. 8

＊賞味期限：冷蔵庫で約２カ月

CHECK !

しょうがシロップ

● **材料**〈作りやすい分量〉

しょうが … 100g
砂糖 … 40g
はちみつ … 40g
水 … 150mℓ

● **作り方**

1 しょうがは洗って皮をむき、薄切りにする。
2 なべに水と砂糖、はちみつを入れて火にかけ、砂糖がとけたら①を入れて弱火で５分煮る。
3 ②を目のこまかいざるでこす。
4 煮沸消毒したびんに③を入れ、冷蔵庫で保存する。

memo

代用品 Memo

砂糖を三温糖や、きび砂糖にかえてもおいしい。

no. 9 白菜漬け

白菜が一番おいしいのは11〜1月の冬の季節。
白菜はみずみずしく新鮮で、葉のかたく巻いたものが
良質なので、買うときの目安にしている。
白いご飯と一緒に食べたい味。

no.10 白菜の中華風漬け

今日の夕食に一品足りないと思ったときに、
さっと作れる便利なレシピ。好みの野菜を入れて、
自分流にアレンジできるのがいいところ。
仕上げのごま油で食欲も UP ！

no. 9

＊賞味期限：冷蔵庫で約10日

CHECK !

白菜漬け

● **材料**〈作りやすい分量〉

白菜 … 大2株

塩 … 白菜の重さの4％

昆布 … 20㎝

赤とうがらし … 3本

● **作り方**

1 白菜の根元に、包丁で十文字の切り込みを入れ、手で裂く。

2 ①をざるなどの上にのせて日当たりの良い場所に並べ、1～2日干す。こうすることで白菜の甘みが引き出される。

3 昆布を3㎝幅に切る。

4 ②の外葉をはがして、葉の間もきれいに洗って水けをきる。外葉は後で使うので、捨てないでとっておく。

5 保存容器に塩をひとつかみふり、そこに白菜の切り口を上にしてすき間のないように並べる（Point A参照）。その上に塩、昆布、赤とうがらしを散らし、再び白菜の方向を90度変えて並べて塩、昆布、赤とうがらしを散らすという作業をくり返す（Point B参照）。

6 一番上に、④ではがした外葉を広げて塩をふたつかみふり、落としぶたをし、白菜の重さ（干す前の重さ）の2倍の重しをのせる。

7 2～3日して水が上がったら、重しを半分に減らす。

8 4～5日後から食べられる。

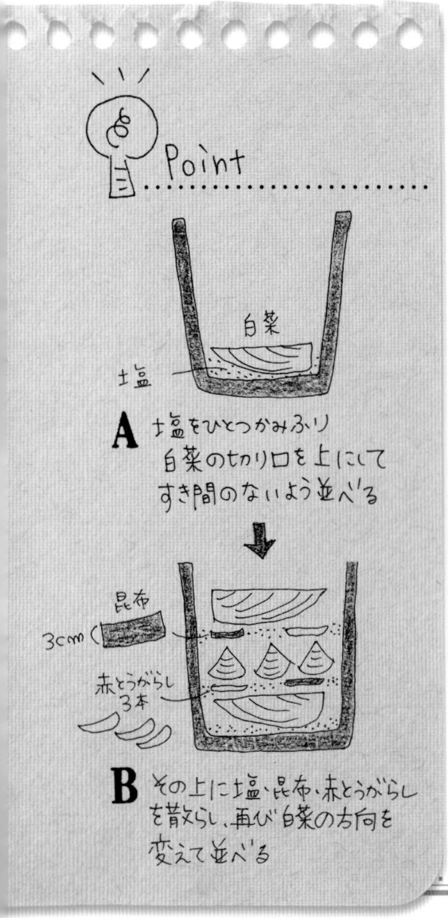
Point
白菜
塩
A 塩をひとつかみふり
白菜の切り口を上にして
すき間のないよう並べる
昆布
3cm
赤とうがらし
3本
B その上に塩・昆布・赤とうがらし
を散らし、再び白菜の方向を
変えて並べる

no. 10

＊賞味期限：
冷蔵庫で３～４日

CHECK！

白菜の中華風漬け

● **材料**〈作りやすい分量〉

白菜 … ¼株
にんじん … 5㎝
塩 … 小さじ1
A
- 酢 … 大さじ2
- 砂糖 … 大さじ1
- 赤とうがらしの輪切り … 1本分
- 塩 … 少々

ごま油 … 小さじ1

● **作り方**

1 白菜は1㎝幅に切り、にんじんは細切りにして塩をふる。しんなりしたら水けをきってボウルに入れる。
2 Aを混ぜ合わせて砂糖をとかし、①にかけてよく混ぜる。
3 ②にごま油をまわしかけ、さっと混ぜ合わせて密閉容器に入れ、冷蔵庫で保存する。1時間後くらいから食べられる。

memo

no. 11
白菜キムチ

白菜漬けにひと手間かけた白菜キムチは、
ピリッとした辛みが食欲をそそる味。
キムチをおいしく発酵させてくれるアミの塩辛のおかげで、
今年もおいしく漬けられた！

no.12 .13
カクテキ＆ オイキムチ

キムチの中でも、人気の高い
カクテキ＆オイキムチ。
夏に、ビールと一緒に酒の肴として
いただくのは格別！
漬ける期間で好みの味に
調節できるのは自家製ならでは。

no. 11

CHECK !

＊賞味期限：
冷蔵庫で約２週間～１カ月

白菜キムチ

● 材料〈作りやすい分量〉

白菜漬け … ２株分
大根 … １本分
にんじん … 少々
にら … １束
長ねぎ … ½本
りんご … ½個
しょうが … 10g
にんにく … ２かけ
アミの塩辛 … 100g
赤とうがらし粉 … 大さじ１
酒 … 大さじ４
砂糖 … 小さじ１と½
しょうゆ … 大さじ½

● 作り方

1 大根、りんご、にんじんはせん切り、にらと長ねぎはみじん切り、しょうがとにんにくはすりおろす。
2 白菜漬け以外の材料をなべに入れてひと煮立ちさせ、バットに広げて冷ます。
3 白菜漬けの葉の間に②を少しずつはさみ込んで重ねていく（Point A参照）。
4 はさんだ葉先をひねるようにして（Point B参照）、容器にすき間ができないように並べる（Point C参照）。
5 上に残りの②を散らし、重しをのせて３日おく。食べるときは、洗わないでそのまま切っていただく。

Point

A

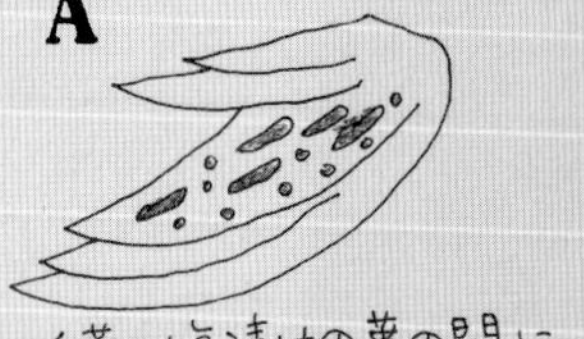

白菜の塩漬けの葉の間に
②をはさみ込んで重ねる

B

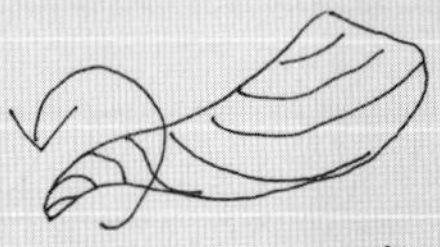

葉先をひねるようにする

C

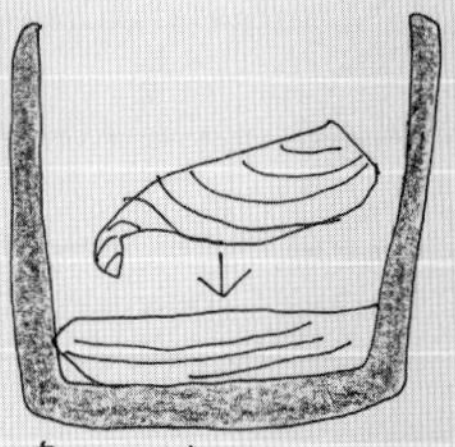

漬けもの容器にすき間が
できないように並べる

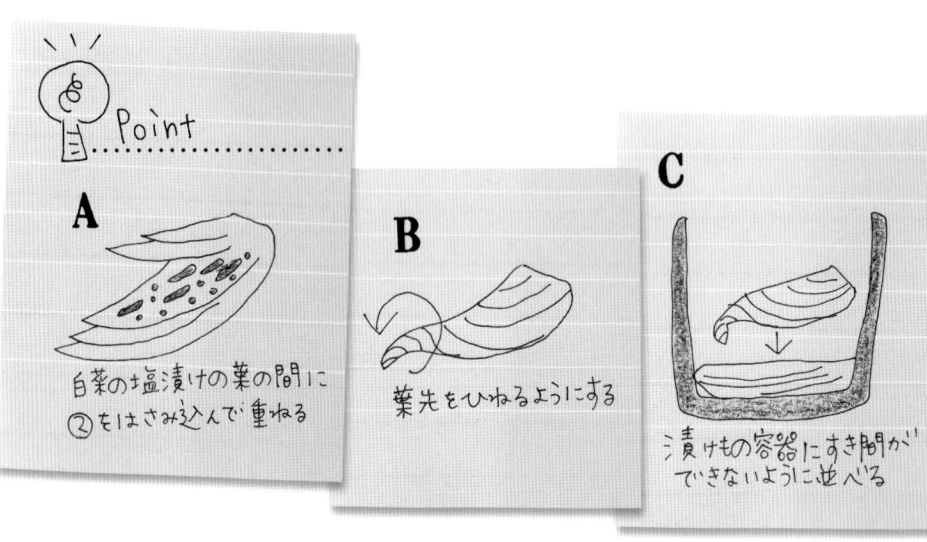

no.12 .13

＊賞味期限：
冷蔵庫で3日〜2週間

CHECK !

カクテキ& オイキムチ

● **材料**〈作りやすい分量〉

〈カクテキ〉

大根 … 1本
塩 … 20g
長ねぎの小口切り … ⅓本分
赤とうがらし粉 … 大さじ2

A
- 赤とうがらし粉 … 大さじ2
- 砂糖 … 大さじ1
- おろししょうが … 15g
- アミの塩辛 … 30g

● **カクテキの作り方**

1 大根は皮をむいて1.5㎝角に切る。塩でもんで約30分おき、大根がしんなりしたら、さっと洗ってざるに上げて水けをきる。
2 ①に赤とうがらし粉をもみ込むように混ぜる。
3 Aを順番に加えてよく混ぜ合わせ、最後に長ねぎを加えて混ぜる。

〈オイキムチ〉

きゅうり … 6本
塩（きゅうり用）… 適量
大根 … 200g
塩（大根用）… 小さじ1
長ねぎ … ⅓本
にら … 4本
昆布でとっただし汁 … 1カップ
赤とうがらし粉 … 小さじ1
糸とうがらし … 少々

A
- 砂糖 … 小さじ1
- おろしにんにく … 1かけ分
- アミの塩辛 … 小さじ1
- おろししょうが … 5g

● **オイキムチの作り方**

1 きゅうりは両端を切って長さを半分に切り、端を2㎝ほど残して縦十文字に切り目を入れる。塩でもんでしんなりするまでおく。
2 大根はせん切りにして塩でもみ、しんなりしたら水けをきる。長ねぎはせん切り、にらは1㎝長さに切る。
3 ②と赤とうがらし粉、糸とうがらし、Aをよく混ぜ合わせる。
4 ①のきゅうりを軽く洗って水けをふき、切り目に③をていねいにはさみ、だし汁をそそいで全体になじませる。

no. 14
たくあん

冬の日で干した大根の自然な甘みと、
発酵作用をいかして漬けるたくあんは、
日本の食卓に欠かせない漬けもの。
カリっとした食感も、たくあんのおいしさの一つ。

no.15
べったら漬け

べったら漬けを手間をかけずに甘酒の素で
パパっと作る場合は、下漬けした大根を
水洗いして陰干しし、甘酒の素に漬け込み、
重しをして冷蔵庫で保存すれば完成。

no. 14

＊賞味期限：冷蔵庫で約１週間

CHECK !

たくあん

● **材料**〈作りやすい分量〉

大根 … 1本
炒りぬか … 100g
砂糖 … 大さじ1
塩 … 干した大根の重さの5％
赤とうがらし … 2～3本
柿、りんご、みかんの干した皮
… 適量

● **作り方**

1 大根は葉を切り落とし、縦半分に切って２～３日外で干す。

2 ボウルに大根以外の材料を入れて混ぜ合わせる。

3 保存容器に②を少し敷き、大根を入れてまた②をのせる。大根の重さの２倍の重しをして冷暗所で保存する。水が出てきてから１週間後ぐらいから食べられる。

memo

no.15

CHECK !

＊賞味期限：
冷蔵庫で約１週間

べったら漬け

● 材料〈作りやすい分量〉

大根…１本

塩（下漬け用）…大根の重さの５％

こうじ床

- 米こうじ…100g
- 砂糖…70g
- 塩…7g
- 赤とうがらしの輪切り…½本分

● 作り方

1 大根は葉を切り落とし、水洗いして皮をむき、風通しの良いところに１日陰干しする。

2 大根に塩をこすりつけるようにもみ、保存容器に塩をふりかけながら入れて約１kgの重しをする。

3 漬け汁が上がってきたら重しを軽くして、そのまま３～４日おいて辛みをぬく。

4 下漬けした大根を水洗いし、すのこなど風通しの良い台の上に並べて１日陰干しする。

5 米こうじを手でもみほぐすようにしてボウルに入れ、砂糖と塩を混ぜ合わせる。

6 ⑤に赤とうがらしを入れ、よく混ぜ合わせる。

7 保存容器に厚手のビニール袋をセットし、分量の½のこうじ床を底に敷いて大根を入れ、さらに残りのこうじ床をたっぷりと重ねる。

8 落としぶたと約600gの重しをのせ、水が上がったら軽い重しに変えて冷暗所で漬け込む。２～３日後から食べられる。

memo

no.16
干しいも

日本のスローフードの代表とも言える干しいも。
祖母から聞いた、干しいもをたくさん作るときのコツは、
蒸し器で使う水をその都度かえないこと。
甘さが増すと言っていた。

no. 17

干し野菜3種

干し野菜の代表的なものと言えば、切り干し大根。
保存がきくから、煮物にしたり、サラダに入れたりと
食材が足りないときに便利。
次は、なすとゴーヤにチャレンジしてみよう。

no.16

＊賞味期限：常温で約1カ月

CHECK！

干しいも

● **材料**〈作りやすい分量〉

さつまいも … 好みの分量

● **作り方**

1 さつまいもは厚めに皮をむき、1cm厚さの斜め切りにして約10分水にさらし、ざるに上げて水けをきる。

2 蒸気の立った蒸し器に①を入れ、強火で10分蒸し、ざるに広げて1週間ぐらい天日に干す。

3 あめ色になったら、ビニール袋に入れて保存する。

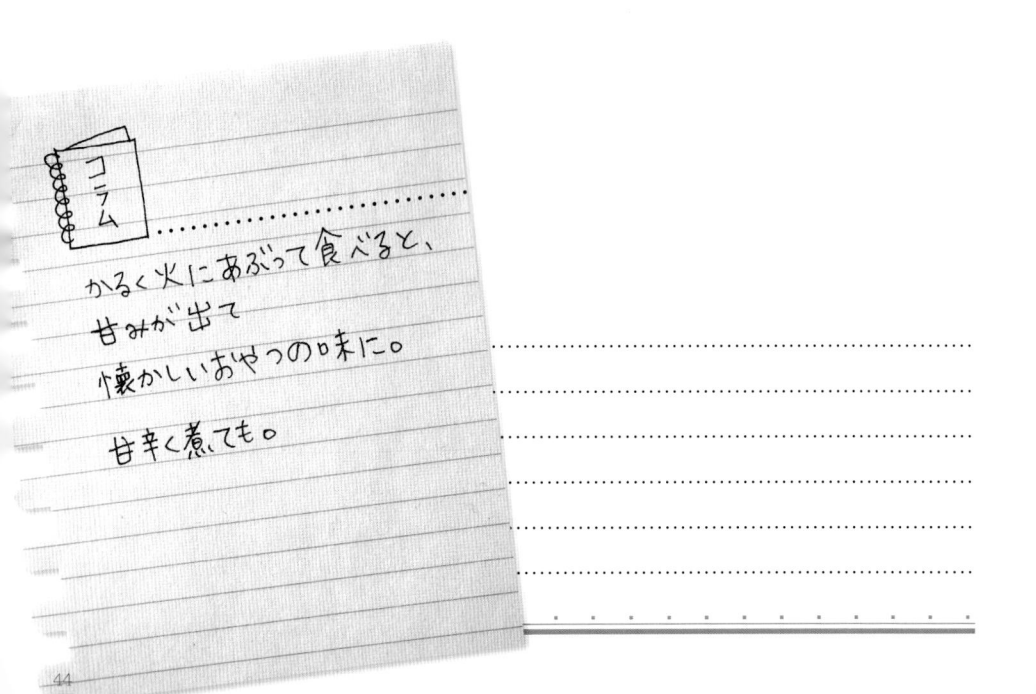

コラム

かるく火にあぶって食べると、
甘みが出て
懐かしいおやつの味に。

甘辛く煮ても。

no. 17

＊賞味期限：約3カ月

CHECK !

干し野菜3種

● **材料**〈作りやすい分量〉

大根 … ½本

にんじん … 1本

しいたけ … 5枚

● **作り方**

1 大根は5㎝長さの細切り、にんじんとしいたけは薄切りにする。

2 ざるに①を広げて天日に干す。完全に乾燥したら出来上がり。

※干すのは夏より秋から冬がおすすめ。長期で保存する場合には、なるべくカリカリになるまで乾燥させる。使うときはぬるま湯などでもどしてから使う。保存は密閉できるビニール袋やびんなどに入れて。

memo

no.18 紅しょうが

「紅しょうが」は、しょうがを梅酢に漬けたもので、
「ガリ」は甘酢に漬けたもののこと。
今年は、初夏の味を楽しむために、
葉つきの谷中しょうがも漬けてみよう。

no.19 福神漬け

カレーライスのつけ合わせとして欠かせない福神漬けは、
野菜を細かく刻んで、調味したしょうゆに
漬け込んだもの。シャキシャキとした食感が、
ついついあとを引くおいしさ。

no.18

＊賞味期限：
冷蔵庫で２～３カ月

CHECK !

紅しょうが

● 材料〈 作りやすい分量 〉

新しょうが … 1kg

水 … 200mℓ

塩 … 60g

酢 … 30mℓ

赤梅酢 … 300mℓ

● 作り方

1 皮付きのしょうがは洗って皮をむき、縦に薄く切る。

2 ①をざるに入れてさっと熱湯を通す。

3 塩水を煮立て、おろしぎわに酢を加えてよく冷まし、下漬け液を作る。

4 容器にしょうがと下漬け液を入れて４～５時間漬ける。

5 ④のしょうがを引き上げて水けをよくきり、煮沸消毒した広口びんに入れる。

6 ⑤に赤梅酢をそそいで色をつける。しょうがを梅酢にひたすため、漬け汁が足りない場合は、酢（分量外）を加える。

※長期保存する場合は、冷蔵庫に入れる。

memo

no. 19

＊賞味期限：
冷蔵庫で約１カ月

CHECK !

☑

福神漬け

● **材料**〈作りやすい分量〉

大根 … 5cm
かぶ … 1個
にんじん … $\frac{1}{3}$本
れんこん … 50g
なす … 1本
きゅうり … $\frac{1}{2}$本
ごぼう … $\frac{1}{3}$本
しょうが … 20g
塩 … 大さじ2

A
- しょうゆ … 100mℓ
- 砂糖 … 100g
- 酒 … 大さじ2
- 酢 … 大さじ2

● **作り方**

1 大根とかぶ、にんじん、れんこんはいちょう切り、なすは半分に切って薄切り、きゅうりとごぼうは薄切り、しょうがはせん切りにしてそれぞれ塩でよくもむ。水けが出たら水で洗い、しっかりと水けをきる。
2 なべにＡを入れ、ひと煮立ちさせてから冷ます。
3 ②と野菜をさっと混ぜ合わせたら、野菜をざるに上げ、漬け汁を再び鍋にもどして煮立て、火をとめる。
4 保存容器に野菜を入れて冷ました③を入れる。
5 冷蔵庫で保存して３日後くらいから食べられる。

memo

no.20
みょうがの甘酢漬け

薄紅色が美しく、香り豊かなみょうがは夏が旬。
薬味などに使われることが多いけれど、今回は甘酢漬けに。
買うときは、ふっくらとして色つやの良いものがベスト。

no.21

たけのこの水煮

水煮は、缶詰と同じで1度ふたをあけると傷みが早いので、
1回に使う分ずつ分けて保存したほうがよい。姫皮の部分は、
あえものや汁ものの具として使うとおいしくいただける。

no.20

＊賞味期限：冷蔵庫で約2〜3カ月

CHECK！ ✓

みょうがの甘酢漬け

● **材料**〈作りやすい分量〉
みょうが…15個
酢…1カップ
砂糖…40g
塩…少々

● **作り方**
1 みょうがは洗って縦半分に切り、たっぷりの湯でさっとゆでる。
2 ボウルに酢を入れ、砂糖と塩をとかして甘酢を作る。
3 煮沸消毒したびんに①を入れて②をそそぎ、みょうががひたっている状態にする。翌日から食べられる。

memo

no.21

＊賞味期限：冷蔵庫で約１週間

CHECK !

たけのこの水煮

● **材料**〈作りやすい分量〉

たけのこ … 1本
ぬか … ひとつかみ分
赤とうがらし … 2本

● **作り方**

1 たけのこは太くて短いものを選ぶ。外皮を４～５枚はがし、穂先を斜めに切り落として、皮に縦に１本包丁目を入れる。

2 米のとぎ汁か、たっぷりの水にぬかをひとつかみ入れたものに赤とうがらしを入れ、①を約１時間ゆでて、ゆで汁ごと冷ます。

3 たけのこの皮をむいて、びんに入る大きさに切り、20分ぐらい流水にさらしてから煮沸消毒したびんに入れ、脱気（7ページ参照）する。

4 皮の一番内側のやわらかい姫皮は、せん切りにして水にさらしてから、１回で使う分ずつ小びんに入れ、塩少々（分量外）と水を加えてたけのこと同様に10分間脱気する。

memo

no. 22
きゅうりのピクルス

きゅうりをたくさん
もらったので、
早速ピクルスを作った。
酒の肴にもなるし、
肉料理のつけ合わせや、
サンドイッチにも合う。

no. 23
カリフラワーのピクルス

ビタミンC豊富な
カリフラワーをたっぷり
食べたいときは、
ピクルスが一番。
おもてなしとしても
喜ばれるレシピ。

no. 24
ドライトマトのオイル漬け

ミニトマトをオーブンで
じっくり焼くだけで、
甘みがぎゅっと濃縮される。
オイル漬けにした後は、
パスタやピザの具に使える。

no. 25
さんしょうの実の佃煮

古くから香辛料として
親しまれている
さんしょうの実。
春は木の芽、夏は青ざんしょう、
秋は実ざんしょうと、
四季折々楽しめる。

CHECK !

no. 22 きゅうりのピクルス

＊賞味期限：冷蔵庫で約３カ月

● **材料**〈作りやすい分量〉

きゅうり…500g
塩…25g
ピクルス液
- 酢…1と½カップ
- 砂糖…½カップ
- 水…100mℓ
- 赤とうがらし…１本
- ローリエ…１枚

● **作り方**

1 きゅうりは洗って、保存する容器の大きさに合わせて切る。塩（分量外）でよくもんでしばらくおき、水が出たら水けをよくきり、一度洗ってよく水けをふいておく。

2 なるべく角型の容器に、きゅうりに塩をまぶしながら並べ、一番上に残りの塩をふり、よび水としてカップ100mlの水（分量外）を容器の縁からそそぐ。

3 きゅうりと同じ重さの重しをして２～３日下漬けする。

4 ピクルス液の砂糖、水、赤とうがらし、ローリエを合わせてひと煮立ちさせ、酢を加えて冷ます。

5 煮沸消毒したびんに③を入れ、④を縁から静かにそそぎ、２～３日おいて出来上がり。

CHECK !

no. 23 カリフラワーのピクルス

＊賞味期限：冷蔵庫で約２カ月

● **材料**〈作りやすい分量〉

カリフラワー…300g
ピクルス液
- 酢…１カップ
- 砂糖…½～⅓カップ
- 塩…小さじ1
- 水…⅔カップ

香辛料
- 赤とうがらし、粒こしょう、ローリエなど…適量

塩、酢…各少々

● **作り方**

1 カリフラワーは洗って、塩と酢を加えた熱湯でさっとかためにゆでる。

2 ①を、ざるに上げてよく冷ましておく。

3 ピクルス液に、好みの香辛料を加えて煮立て、十分に冷ます。

4 カリフラワーを煮沸消毒した広口のびんに入れ、③をそそぎ入れてふたをぴったりと閉めて冷蔵庫で保存する。

CHECK !

no.24 ドライトマトのオイル漬け

＊賞味期限：常温で約１カ月

● **材料**〈作りやすい分量〉

ミニトマト … 300g

塩 … 適量

ドライバジル、ドライオレガノ
… 各適量

オリーブ油 … 適量

● **作り方**

1 ミニトマトは洗ってへたをとり、縦半分に切る。

2 切り口を上にして塩をふり、120度のオーブンで約40分焼いて、そのままひと晩おく。

3 煮沸消毒したびんに、②とドライバジル、ドライオレガノを入れて、ひたひたにオリーブ油をそそぎ、ふたをぴったりと閉めて冷蔵庫で保存する。

CHECK !

no.25 さんしょうの実の佃煮

＊賞味期限：冷蔵庫で約半年

● **材料**〈作りやすい分量〉

さんしょうの実 … 100g

酒 … ½カップ

しょうゆ … 大さじ4

みりん … 大さじ2

● **作り方**

1 さんしょうの実は、たっぷりの湯でさっとゆでて水にとり、ひと晩水にさらしてアクをとる。

2 なべに酒、しょうゆ、みりんを入れて①を加え、弱火で汁けがなくなるまで煮つめる。

3 ②を煮沸消毒した小びんに入れて冷蔵庫で保存する。

Part. 2

DATE　　CHECK

Fruit
果実

＊ 作ったレシピ ＊

夏みかんのマーマレード

いちごの丸粒ジャム　りんごジャム

ブルーベリージャム　ゆずジャム

キウイジャム　ラズベリージャム

いちじくのコンポート

干しあんずのシロップ漬け

栗の渋皮煮

きんかんの丸煮

no.26 夏みかんのマーマレード

ビタミンC豊富な夏みかんを
ジャムにして、丸ごと食べよう。
夏みかんのかわりに、はっさくなどでもおいしく作れる。
どちらもほんのりと苦みがあっておいしい。

no.26

夏みかんのマーマレード

● **材料**〈作りやすい分量〉

夏みかん…1kg(4個くらい)

砂糖…夏みかん(皮・果汁)の重さの40〜50%

● **作り方**

1 夏みかんはしばらく湯につけてからよく洗う。

2 皮に切り目を入れて皮をむき、内側の白い部分をとり除き、2㎝幅の長方形に切り整え、重さをはかっておく(果肉はあとで使うので、とっておく)。

3 水をたっぷり入れたホーロー引きのなべに②の皮を入れ、沸とうしてから15〜20分やわらかくなるまで煮る。

4 ③を冷水にとり、流水にさらす。これで皮の苦みはほとんど抜ける。

5 果肉は薄皮をむいてとり出し、種を除き、ふきんに包んでしぼり、果汁の重さをはかっておく。

6 ④の皮をなべに入れ、⑤の果汁を加えてアクをとりながら煮る。

7 ⑥に砂糖を加え、少しとろみがつくまで煮る。冷めるとかたくなるので、煮すぎないように注意する。

8 ⑦を煮沸消毒したびんに入れて脱気(7ページ参照)し、冷蔵庫で保存する。

memo

CHECK !

＊賞味期限：冷蔵庫で約２カ月

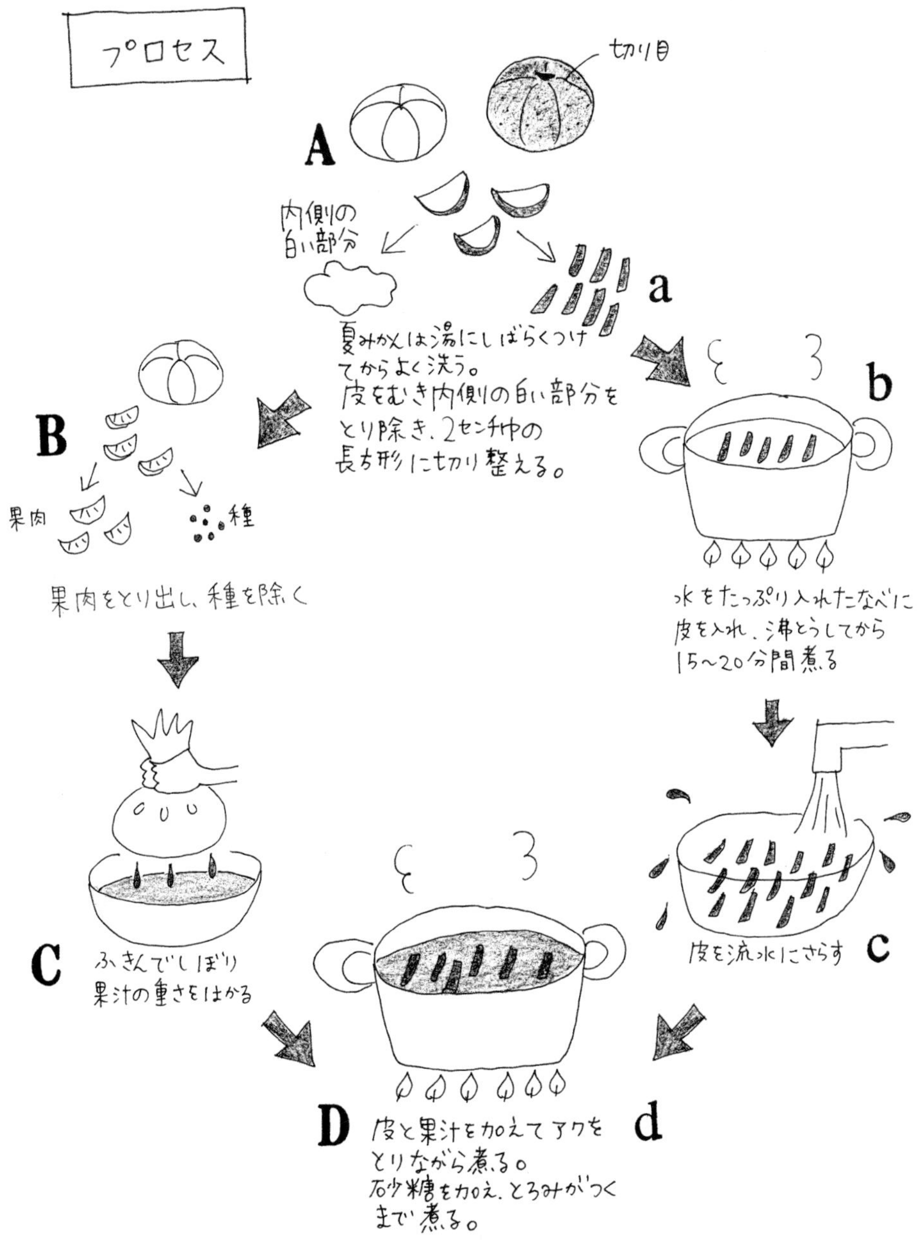
プロセス
切り目
A
内側の白い部分
a
夏みかんは湯にしばらくつけてからよく洗う。
皮をむき内側の白い部分をとり除き、2センチ巾の長方形に切り整える。
b
水をたっぷり入れたなべに皮を入れ、沸とうしてから15～20分間煮る
c
皮を流水にさらす
B
果肉
種
果肉をとり出し、種を除く
C
ふきんでしぼり果汁の重さをはかる
D
d
皮と果汁を加えてアクをとりながら煮る。
砂糖を加え、とろみがつくまで煮る。

no.27

いちごの丸粒ジャム

いちごが丸ごと入っているから、
ひと口食べると、甘い香りが口いっぱいに広がり、
しかもとってもジューシー。
煮るときは、いちごを木べらでゆっくり混ぜるのがコツ。

no. 28
りんごジャム

10月ごろ出回る紅玉は、香りが良くて酸味も強いので、
ジャムに一番適している品種。
皮は好みでそのままでも、むいても……。
ヨーグルトにかけてもおいしい。

no. 27

＊賞味期限：冷蔵庫で約２カ月

CHECK !

いちごの丸粒ジャム

● **材料**〈作りやすい分量〉

いちご … 1kg

砂糖 … いちごの重さの40～50％

レモン汁 … ½個分

● **作り方**

1 いちごは中粒でよく熟したものを選び、へたをとる。

2 ①を水洗いして汚れをよくとり除く。

3 ②をざるに上げてしっかり水けをきってから分量をはかる。

4 ホーロー引きのなべに③、砂糖、レモン汁を入れて火にかける。

5 砂糖がとけるまでは木べらでゆっくりかき混ぜ、いちごの粒がなべの底のほうへ沈んできたら火を弱める。

6 この後はかき混ぜるといちごの粒がくずれてしまうので、ときどきなべの両端を持ってゆすって混ぜる。

7 冷めるとかたくなるので、少しゆるめの状態で火をとめる。

8 ⑦を煮沸消毒したびんに入れて脱気（7ページ参照）し、冷蔵庫で保存する。

memo

no. 28

＊賞味期限：冷蔵庫で約２カ月

CHECK !

りんごジャム

● **材料**〈作りやすい分量〉

りんご … 1kg

砂糖 … りんごの重さの40～50％

レモン汁 … ½個分

● **作り方**

1 りんごはよく洗い、皮をむいていちょう切りにする。

2 なべに①と砂糖、レモン汁を入れ、木べらでかき混ぜながら加熱する。

3 ②を煮沸消毒したびんに入れて脱気（7ページ参照）し、冷蔵庫で保存する。

※皮を入れて作るとピンク色に仕上がる。

memo

no. 29 ブルーベリージャム

6～7月ごろが旬の
ブルーベリー。
パンやお菓子作りの材料として
よく使うので、
我が家ではジャムにして
保存するのが定番。

no. 30 ゆずジャム

黄ゆずは、10～12月が旬。
皮も実もとても良い香りが
するので、毎年ジャム作りの
仲間入りに。
今日はゆず茶にして
飲んでみよう。

no.31
キウイジャム

ジャム作り開始日に
実が熟していなかったので、
ビニール袋に入れて
あたたかい所で数日放置。
待ったかいがあるおいしさになった。

no.32
ラズベリージャム

私のお気に入りの
ラズベリージャム。
適度な酸味と、ツブツブの食感、
甘酸っぱい香りが、
ジャムをより
おいしくさせている。

CHECK !

no. 29 ブルーベリージャム

＊賞味期限：冷蔵庫で約２カ月

● **材料**〈作りやすい分量〉

ブルーベリー … 400g

砂糖 … ブルーベリーの重さの30～40％

レモン汁 … ½個分

● **作り方**

1 ブルーベリーは洗って水けをよくきる。

2 なべに①を入れて砂糖を全体にふり入れ、レモン汁をかけて中火にかける。

3 ②が沸騰したらアクをとって弱火にし、時々木べらで混ぜながら約10分煮る。

4 ③を煮沸消毒したびんに入れて脱気（7ページ参照）し、冷蔵庫で保存する。

CHECK !

no. 30 ゆずジャム

＊賞味期限：冷蔵庫で約２カ月

● **材料**〈作りやすい分量〉

ゆず … 2個

砂糖 … ゆずの重さの70％

A（ゆずのしぼり汁＋水）… ¾カップ

● **作り方**

1 ゆずはよく洗って横半分に切って果汁をしぼる。中身をとり出し、わたはつけたまま皮を細切りにする。

2 皮を水に約10分さらして水けをきり、たっぷりの湯でさっとゆでる。

3 なべに②と砂糖を入れ、Aを加えて火にかける。沸騰したらアクをとり、弱火で15～20分煮る。

4 ③を煮沸消毒したびんに入れて脱気（7ページ参照）し、冷蔵庫で保存する。

CHECK !

no.31 キウイジャム

＊賞味期限：冷蔵庫で約2カ月

● **材料**〈作りやすい分量〉

キウイ … 2個
砂糖 … キウイの重さの40％
レモン汁 … ½個分

● **作り方**

1 キウイは皮をむいて4等分にし、薄切りにする。
2 なべに①、砂糖、レモン汁を入れて中火でアクをとりながら煮つめる。
3 ②を煮沸消毒したびんに入れて脱気（7ページ参照）し、冷蔵庫で保存する。

CHECK !

no.32 ラズベリージャム

＊賞味期限：冷蔵庫で約2カ月

● **材料**〈作りやすい分量〉

ラズベリー … 250g
砂糖 … ラズベリーの重さの40～50％
レモン汁 … ½個分

● **作り方**

1 ラズベリーはさっと洗って水けをきる。
2 なべに①と砂糖、レモン汁を入れて中火でアクをとりながら約10分煮る。
3 冷めるとかたくなるので、とろとろの状態で火をとめ、煮沸消毒したびんに入れて脱気（7ページ参照）し、冷蔵庫で保存する。

no. 33
いちじくのコンポート

いちじくはなぜ無花果と書くのか？
じつは、私たちが食べている実の中に花を咲かせるのだとか。
外から花が見えないから無花果なんだと納得。

no. 34
干しあんずのシロップ漬け

ドライフルーツはカルシウムやミネラルが多いと知り、
さっそく干しあんずのシロップ漬けに挑戦。
とろみがほしい場合は砂糖多めで。

no.33

＊賞味期限：冷蔵庫で約２週間

CHECK !

いちじくのコンポート

● **材料**〈作りやすい分量〉

いちじく…4個

砂糖…いちじくの重さの10％

水…１カップ

白ワイン…½カップ

レモンの輪切り…２枚

● **作り方**

1 いちじくはよく洗う。

2 なべに①と砂糖、水を入れて砂糖がとけたら白ワインとレモンの輪切りを入れ、紙ぶたをして弱火で約20分煮る。

3 火をとめたらそのまま冷まし、煮沸消毒した容器に入れ、冷蔵庫で保存する。

memo

no. 34

＊賞味期限：冷蔵庫で約1カ月

CHECK !

干しあんずのシロップ漬け

● 材料〈作りやすい分量〉

干しあんず…100g
砂糖…60g
水…1カップ

● 作り方

1 干しあんずはひたひたの水に30分漬けてふやかす。
2 なべに①と砂糖、水を入れて落としぶたをして、弱火でゆっくり、とろりとするまで煮つめる。
3 ②が冷めたら煮沸消毒したびんに入れ、冷蔵庫で保存する。

memo

コラム

ドライフルーツは、
人間の体の組織を
作るのに欠かせない
カリウムやリンなどの
ミネラルを豊富に含む。

no. 35
栗の渋皮煮

渋皮煮を作るときに気をつけるのは、
皮をむくときに栗を傷つけないこと。
傷つけたまま煮ると中の栗が見えて
きれいに仕上がらないから、時間に余裕のあるときに作ろう。

no.36

きんかんの丸煮

祖母から「寒のうちに煮たものは腐りにくい」と聞いたので、
まさに寒い時期に手に入りやすいきんかんを使って
丸煮を作る。きんかんは、ビタミンCが豊富だから
風邪予防に効果的で、昔から「のどに良い」と言われている。

no.35

＊賞味期限：冷蔵庫で約２カ月

CHECK !

栗の渋皮煮

● **材料**〈作りやすい分量〉

栗…500g
重曹…小さじ⅔
水…6カップ
砂糖…栗の正味量の60％
しょうゆ…小さじ2

● **作り方**

1 栗は熱湯に約30分漬けて鬼皮をむく。

2 なべに①と分量の水と重曹を入れて火にかけ、沸騰したらアクをとり、弱火で25～30分ゆでる。

3 ②を水にとって、渋皮の黒い筋をとる。手でとれない場合は竹ぐしで傷つけないようにそっととる。

4 なべにたっぷりの水と③を入れて火にかけ、沸騰後２～３分ゆでてざるにとる。これをもう１回くり返す。

5 なべに④と栗がかぶるくらいの水を入れて紙ぶたをして火にかけ、沸騰したら火を弱めて約10分煮る。

6 ⑤に半量の砂糖を入れて５分煮、残りの砂糖を加えて弱火で10分煮る。

7 ⑥にしょうゆを加え、汁けがなくなるまでさらに約20分煮る（紙ぶたはそのつど戻す）。

8 ⑦を煮沸消毒した容器に入れ、冷蔵庫で保存する。

memo

no.36

＊賞味期限：冷蔵庫で２～３カ月

CHECK！

きんかんの丸煮

● **材料**〈作りやすい分量〉

きんかん … 300g

砂糖 … 150g

水 … １カップ

● **作り方**

1 きんかんはきれいに洗ってひと晩水に漬けておく。

2 ①をたっぷりの湯で２～３分ゆで、ざるに上げて水けをきる。

3 冷ました②を水できれいに洗い、しばらく水にさらしてから水けをきる。

4 きんかんの上下を少し残し、周囲に包丁を縦に５～６箇所入れ、そこから竹ぐしの先で種を出す（Point 参照）。

5 なべに砂糖と水を入れて煮とかし、シロップを作る。

6 ⑤に④を入れてふたをし、弱火でゆっくり煮る。15分ほど煮たら、煮汁につけたまま冷まして味を含ませる。

7 ⑥を煮沸消毒したびんに入れ、冷蔵庫で保存する。

Point

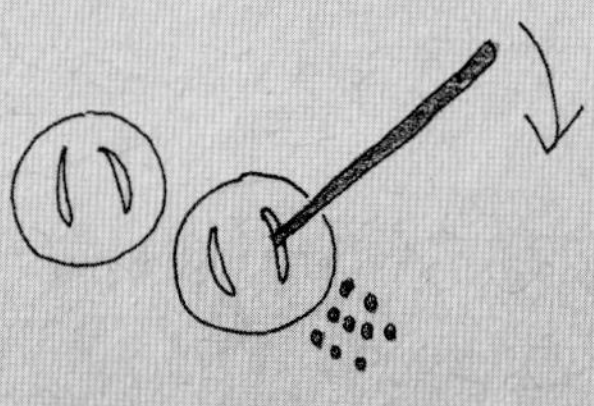

きんかんの周囲に
包丁を入れ、竹ぐしで
種を出す

Part.3

Fish
魚

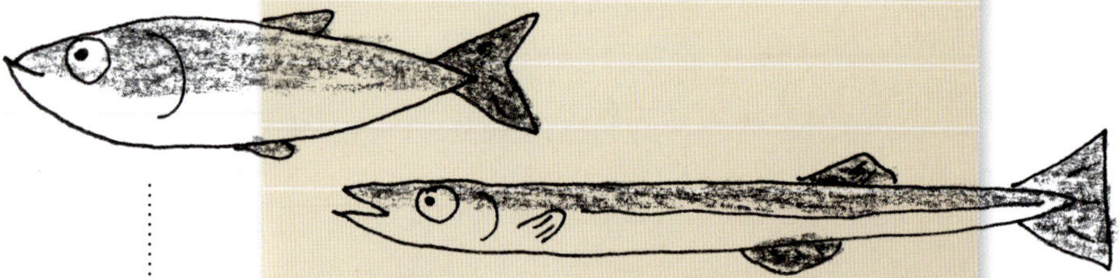

＊ 作ったレシピ ＊

あじの干物

さんまの丸干し　さんまのみりん干し

さばの文化干し　しめさば

さわらのみそ漬け

たいの粕漬け

いかの塩辛　いかのくん製

鮭のマリネ

オイルサーディン

no.37 あじの干物

干物を作るときは、天気予報とにらめっこ。
なるべく晴天で、風の少しある日を選ぶのがベスト。
干す時間は1時間半〜5時間ぐらいで、
表面が乾いたら出来上がりの目安。

no.37

あじの干物

● **材料**〈作りやすい分量〉

あじ…4尾

水…½カップ

塩…あじの重さの3%強

● **作り方**

1 新鮮なあじを買う。胸びれの下に包丁を入れ、中骨にそって尾まで切り開き、腹わたとエラをとる。

2 ①を薄い塩水でさっと洗って水けをふく。

3 バットに水と塩を入れ、開いたあじを並べて、返しながら約10分おく。

4 水けをふきとって小物干しにつるし、天日で1時間半〜5時間干す。

※冷凍するときは、ラップで包み、その上からさらにアルミホイルで包んでから冷凍するとよい。

CHECK !

＊賞味期限：冷蔵庫で２～３日
冷凍庫で２～３週間

プロセス

A あじの胸びれの下に
包丁を入れて切り開く

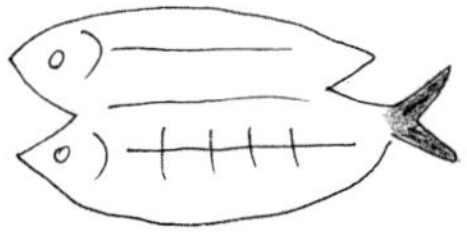

B 腹わたとエラをとる

C うすい塩水でさっと
あらって水けをふきとる

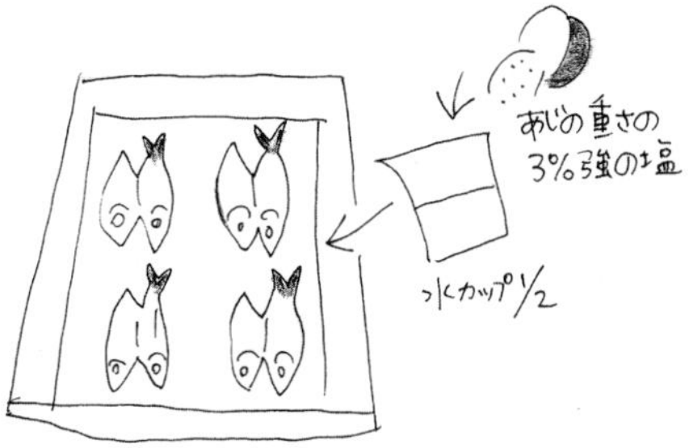

D バットに塩水を入れて
開いたあじを並べて
返しながら約10分おく

E 水けをふきとる

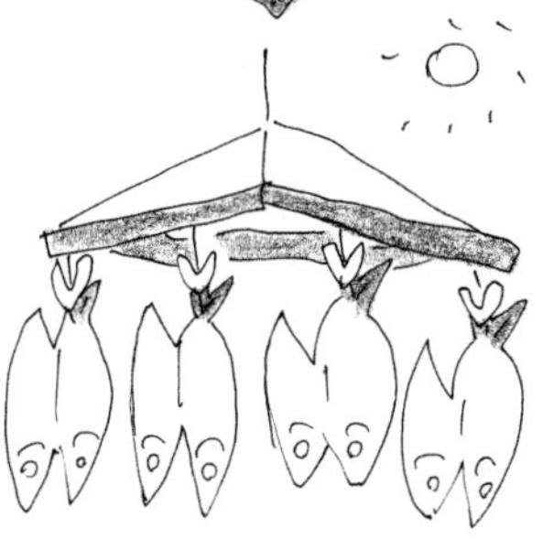

F 小物干しにつるし天日で干す

no. 38
さんまの丸干し

魚は塩水にひたしてから干すと、うまみがのって
よりおいしくなると聞いたのでさっそく実行。
今回はたくさん作ったから、
ラップとアルミホイルで包んで、冷凍しておこう。

no. 39
さんまのみりん干し

自家製のみりん干しだと、
市販品より甘さを調節できるからうれしい。
今日のレシピは少し甘さ控えめのもの。いわし、めばる、
かじきまぐろなどもみりん干しに向いている。

no. 38

＊賞味期限：冷蔵庫で２～３日
冷凍庫で約２週間

CHECK !

さんまの丸干し

● **材料**〈作りやすい分量〉

さんま…5～10尾

水…1ℓ

塩…100g

● **作り方**

1 さんまは腹の下に包丁を入れて、腹わたをとり除く。

2 薄い塩水で①を洗う。特に腹の中はていねいに洗い、水けをふく。

3 水に塩をとかして10％の濃い塩水を作り、さんまを20～30分ひたしておく。

4 風通しのよいところで半日くらい干す。

memo

no. 39

＊賞味期限：冷蔵庫で２～３日
冷凍庫で約２週間

CHECK !
✓

さんまのみりん干し

● 材料〈 作りやすい分量 〉

さんま … 2尾
しょうゆ … 大さじ3
みりん … 大さじ3
塩 … 適量

● 作り方

1 さんまは背開きにして（Point 参照）、海水ぐらいの濃い塩水で洗ってざるに上げ、水けをよくふく。
2 みりん、しょうゆを合わせて弱火で３分煮てタレを作り、さんまを30分漬けておく。
3 ②の汁けをきって、天日で4時間～半日干す。

Point

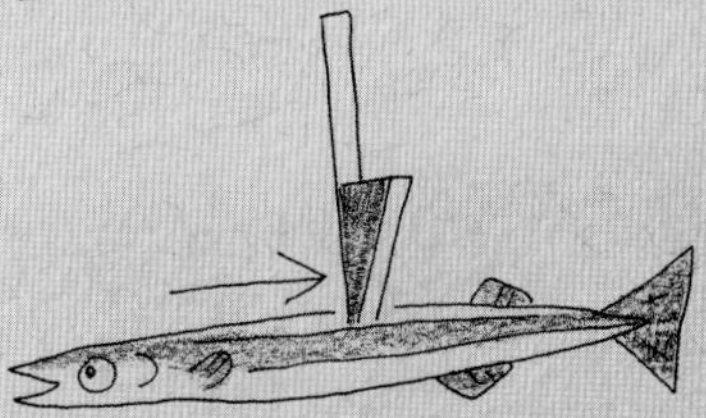

背から包丁を入れ1枚に開く

memo

no.40
さばの文化干し

文化干しとは、魚に塩で味をつけ、
ごまをまぶして干したもの。新鮮な魚を干すのが鉄則だから、
眼が透明、エラがきれいな紅色、光沢があって
透明感があるものを選びたい。

no.41 しめさば

しめさばを日持ちさせるには、
酢に長く漬けるのがベスト。でも、私の好みは、
身の中心に赤みが残るくらい軽くしめたほうが
おいしく食べられると思う。

no.40

＊賞味期限：冷蔵庫で２～３日
冷凍庫で約２週間

CHECK !

さばの文化干し

● **材料**〈作りやすい分量〉

さば…１尾

水…１ℓ

塩…180g

白いりごま…適量

● **作り方**

1 さばの頭を落とし、腹側と背側から中骨にそって包丁を入れ、身を切りはなす（片方は骨付き）（Point A参照）。

2 ①の中骨付きの身を、もう一度おろして（Point B参照）、身２枚と中骨の計３枚にする（３枚おろし）。

3 水に塩を加えた濃い塩水に３枚におろしたさばを１時間ひたす。

4 さばをとり出して軽く塩水をきり、乾かないうちにごまをまぶす。

5 ④を風通しの良い、日の当たるところで半日干す。

Point

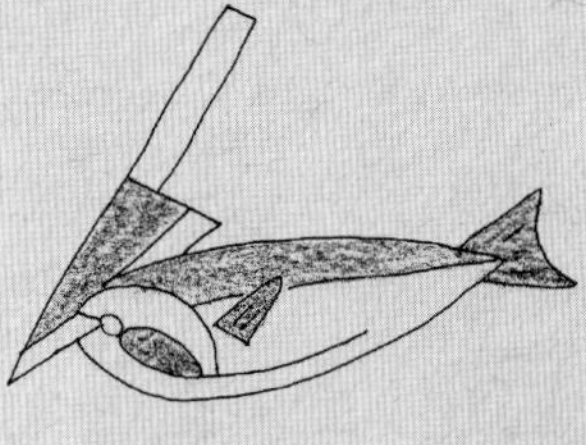

A 腹側と背側から中骨にそって包丁を入れ身を切りはなす

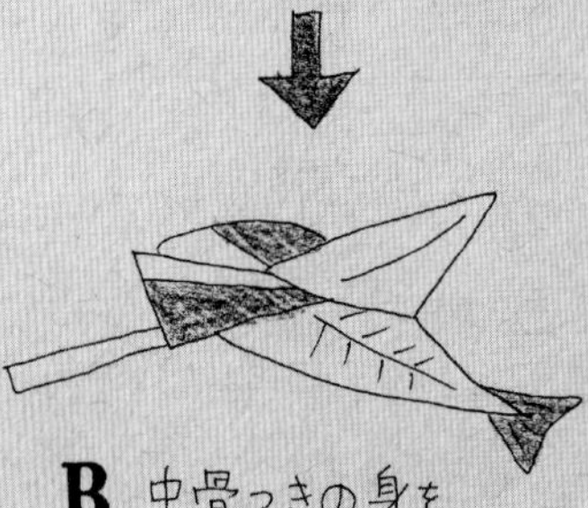

B 中骨つきの身をもう1度おろす

no.41 しめさば

＊賞味期限：冷蔵庫で２日

CHECK !

● **材料**〈作りやすい分量〉

さば… 1尾
塩 … 適量
だし昆布 … 30㎝
酢 … 適量
水 … 適量

● **作り方**

1 さばを3枚におろす(88ページ参照)。身の両面にパン粉をまぶすようにたっぷり塩をふり、冷蔵庫に1時間以上おく。

2 酢と水を同量ずつ合わせた酢水で、①のさばの塩をさっと洗い落とす。

3 だし昆布をバットに広げ、酢をそそいで②を並べる。酢の量はさばがかぶるくらいたっぷり使う。

4 20分くらい経ったら③をとり出し、身を上にしてまな板にのせ、まん中の小骨を骨抜きで抜く(Point A参照)。骨の向きにそって抜くと抜きやすい。

5 皮を上にし、肩口の皮を身から少しはずし、皮を尾のほうにひきながら一気にむく(Point B参照)。

Point

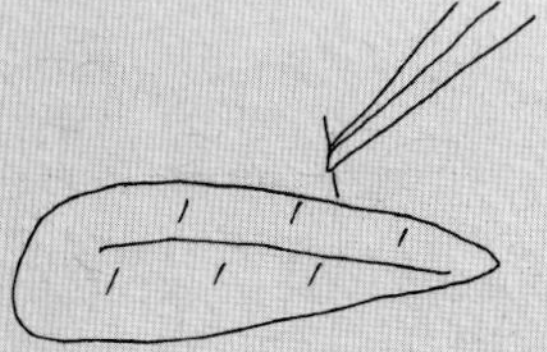

A まん中の小骨を抜く

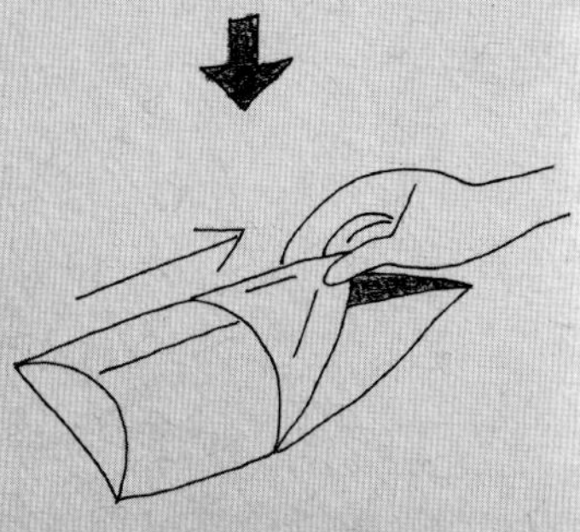

B 肩口から皮をむく

no. 42
さわらのみそ漬け

魚のみそ漬けは、みその風味によって
魚の生臭さがなくなるので、家族にも好評。
魚をみそ漬けにする場合は、多少甘めのみそを使うのがおいしい。
きんめ、鮭でも作ってみよう。

no.43
たいの粕漬け

粕漬けは、あたたかい時期だと、
粕が発酵して酸味が出やすいので、
毎年秋から春にかけて作るようにしている。
粕と魚の相乗効果で味は抜群！ 冬になると恋しくなる味。

no.42

＊賞味期限：
冷蔵庫で食べごろから３～４日

CHECK !

さわらのみそ漬け

● **材料**〈作りやすい分量〉

さわらの切り身…4切れ

塩…10g

みそ床

- みそ…400g
- みりん…大さじ4
- 砂糖…80g
- 酒粕…50g

● **作り方**

1 みそ床の調味料を合わせる。

2 さわらは、ざるにのせて塩をまぶし、２～３時間おく。

3 ②の水けをふきとり、ふた付きの容器に①のみそ床をしき、魚をおいて上にみそ床をのばす。

4 ③の上にラップをしてふたをし、冷蔵庫で保存する。翌日ぐらいが食べごろ。

※みそ床は火にかけて練り直せば３～４回は使える。

代用品
Memo

みそ漬けには、
さわらの他にもぎんだら、
きんめ、赤魚、鮭、
さばなどが向いている。

no.43

＊賞味期限：
冷蔵庫で食べごろから３～４日

CHECK !

たいの粕漬け

● 材料〈作りやすい分量〉

たいの切り身 … 4切れ
塩 … 15g
粕床
酒粕 … 400g
焼酎または酒 … 150mℓ
みりん … 50mℓ
塩 … 小さじ2

● 作り方

1 たいは、ざるにのせて塩をまぶし、20～30分おいて、水けをふきとる。
2 酒粕を細かくちぎってすり鉢に入れ、みりん、塩、焼酎（または酒）を加えてしばらくおき、粕がやわらかくなったらすりこ木でよくすり混ぜる。
3 ふた付きの容器に②の粕床をしき、その上に①のたいを重ならないように粕床と交互に漬け込み、一番上にラップをしてふたをし、冷蔵庫で保存する。２～３日後が食べごろ。

※粕床は火にかけて練り直せば３～４回は使える。

memo

no. 44
いかの塩辛

いかの塩辛には3種類ある。
赤づくりは、いかの皮をつけたまま漬け込んだもの。
白づくりは、いかの皮をむいて漬け込んだもの。
黒づくりは、いかの墨を入れて熟成させたもの。

no.45 いかのくん製

番茶とグラニュー糖を焦がして出る
香ばしい香りがいかにほんのりうつり、
酒の肴にはもってこい。
今日は何も飲もうかと、考えるだけで楽しくなる一品。

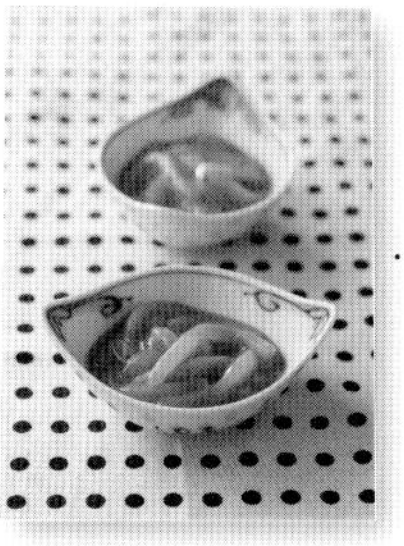

no. 44

＊賞味期限：冷蔵庫で2～3日

CHECK !

いかの塩辛

● **材料**〈作りやすい分量〉

するめいか(刺身用) … 適量

塩 … いかの重さの10～20％

● **作り方**

1 いかは胴の中に指を入れ、腹わたをやぶらないように足と胴のついているところをはずして足をぬき(Point A、B参照)、軟骨をとって胴の中を洗う。

2 腹わたから墨袋を破らないようにとり除く。

3 腹わたのまん中に縦の切り目を入れ、包丁の背を当てて、中身をしごき出す。

4 ③を包丁でたたく。

5 ボウルに④を入れ、塩を加えてよく混ぜる。

6 胴は1枚に開いて皮をむく。さらに縦横四つに切ってから縦に細切りにする。えんぺらは縦に細切りにする。足は切り開いて吸盤をとり、3㎝長さに切る。

7 いかの胴とえんぺら、足の水けをふき、⑤に加えてよく混ぜ、煮沸消毒したびんに入れて冷蔵庫で味をなじませる。

8 半日ぐらいで味がなじむ。

Point

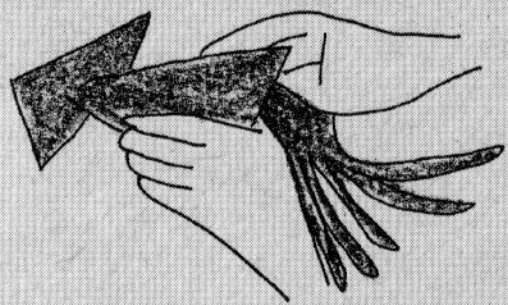

A 胴の中に親指を入れて胴と腹わたの接合部分をはがす

B 足を持って静かに腹わたを引き出す

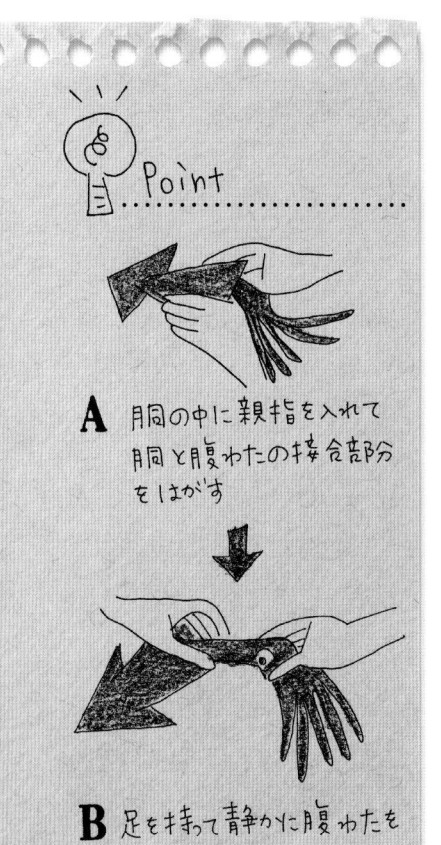

no.45

＊賞味期限：冷蔵庫で2～3日

CHECK !

いかのくん製

● **材料**〈作りやすい分量〉

やりいか … 2はい
塩 … 大さじ1
サラダ油 … 大さじ2と½
グラニュー糖 … カップ½
番茶 … カップ⅔
ローリエ … 2～3枚

● **作り方**

1 いかは、足と腹わたを抜きとって胴とえんぺらの皮をむき、水けをふく。塩を全体にまぶして30分くらいおいてから、えんぺらのほうに金ぐしを刺し、風通しの良いところで3～4時間干す。

2 大きめのフライパンを熱して、サラダ油大さじ2を入れ、グラニュー糖、番茶の順に平らに敷きつめ、上にローリエをのせる。

3 ②の上に金網をおき、いかの表面に薄くサラダ油大さじ½を塗って並べる。

4 ぴったりとふたをして、最初はやや強火で、煙が出はじめたら弱火にし、約5～7分くん製にする。

5 煙が出なくなったらざるにとり出し、天日で半日ぐらい干して乾かす。

memo

no. 46
鮭のマリネ

鮭は、焼くだけでなく、
揚げたものをマリネにすると長持ちする。
玉ねぎ、にんじん、ピーマンと野菜もたくさん食べられるから
栄養面からみてもバランスがとれていて◎。

no. 47
オイルサーディン

栄養豊富ないわしを骨まで食べられるようにするには、
やっぱりオイルサーディンかアンチョビが便利。
油漬けだから生臭みもとれるし、
保存もきくしでお気に入りのレシピ。

no. 46

＊賞味期限：冷蔵庫で３～４日

CHECK !

鮭のマリネ

● **材料**〈作りやすい分量〉

鮭の切り身 … 4切れ
玉ねぎ … ½個
ピーマン … 2個
レモン … ½個
にんじん … ⅓本
塩、こしょう … 各少々
小麦粉 … ½カップ
サラダ油 … 適量
マリネ液
- 酢 … ½カップ
- 砂糖 … 大さじ1
- 塩 … 小さじ1
- こしょう … 少々
- ローリエ … 1枚
- サラダ油 … ⅓カップ

● **作り方**

1 鮭は一口大に切って塩、こしょうする。
2 玉ねぎとピーマン、レモンは薄切り、にんじんはせん切りにする。
3 器にマリネ液を合わせて砂糖をとかし、②の野菜を入れて混ぜ合わせる。
4 ①に小麦粉をまぶして油で揚げ、熱いうちに③に漬ける。

memo

no. 47

＊賞味期限：冷蔵庫で約2週間

CHECK !

オイルサーディン

● **材料**〈作りやすい分量〉

しこいわし（新鮮なもの）… 300g
塩 … 適量
玉ねぎ … 1個
にんじん … 1本
ローリエ … 2枚
粒黒こしょう … 6～7粒
赤とうがらし … ½本
サラダ油 … 適量

● **作り方**

1 いわしは包丁で頭を切りおとし、手で内臓をとる。
2 ①のいわしをざるに並べてたっぷりと塩をふり、魚の大きさにより45分～1時間おく。
3 玉ねぎは薄切り、にんじんは2㎜幅の輪切りにする。
4 ②のいわしをざっと洗って水けをふく。
5 耐熱容器に③の野菜を少量広げ、その上にいわしを並べ、また野菜をのせていわしを並べ、一番上は野菜でおおい、ローリエ、粒黒こしょう、赤とうがらしを散らす。
6 ⑤の上から野菜がひたるくらいたっぷりサラダ油をそそいでふたをし、蒸し器で1～2時間蒸す。小骨までやわらかくなれば出来上がり。
7 よく冷まし、油がすっかりかぶさるようにして冷蔵庫で保存する。

memo

Part.4

Stock
常備菜

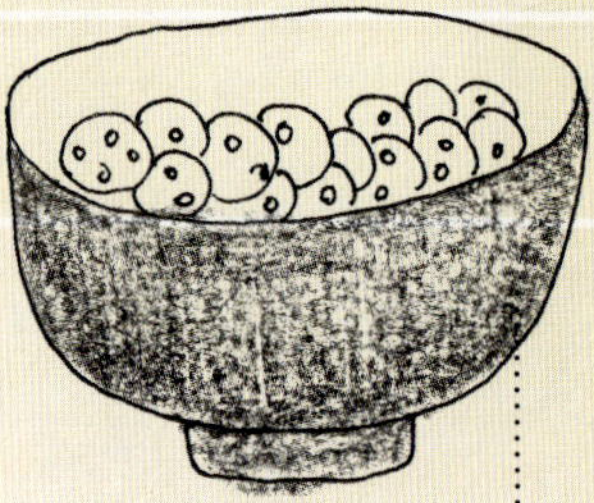

＊ 作ったレシピ ＊

ゆで豚　焼き豚　豚肉の南蛮漬け
鶏肉のみそ漬け　牛肉のしょうが煮
鶏肉の粕漬け　肉みそ　五目煮豆
きゃらぶき　炒り大豆のしょうゆ漬け
大根の葉の佃煮　ごまみそ
小魚のくぎ煮　あさりのしぐれ煮
のりの佃煮　昆布の佃煮

no.48 .49
ゆで豚＆焼き豚

ゆで豚は、酢大さじ2、しょうゆ大さじ3、ラー油小さじ1、
ごま油大さじ1/2、刻みねぎを混ぜたタレがよく合う。
焼き豚は煮込んで焼き上げる簡単な方法で失敗知らず。

no.48

＊賞味期限：冷蔵庫で３～４日

CHECK !

ゆで豚

● **材料**〈 作りやすい分量 〉

豚ロース肉（かたまり）… 400g
酒 … 大さじ3
水 … 適量
長ねぎ … 少々
しょうがの薄切り … 少々
粉ざんしょう … 少々

● **作り方**

1 豚ロース肉を深さのあるなべに入れ、酒を加えて強火にかけ、アルコール分をとばし、汁がすっかりなくなるまで約３分煮る。

2 ①に肉が半分ひたるくらいの水をそそぎ、長ねぎ、しょうが、粉ざんしょうを加え、落としぶたをして煮る（Point 参照）。火加減は中火よりやや弱くし、水がほとんどなくなり、竹ぐしで刺してみて、赤い汁がにじみ出なければ、中まで火が通っている証拠。

3 なべから②をとり出して、氷水に入れ、急激に冷やせば出来上がり。容器に入れて冷蔵庫で保存する。

※ゆで豚に使う肉は、ロース肉を選ぶと仕上がりがしっとりして白く仕上がる。

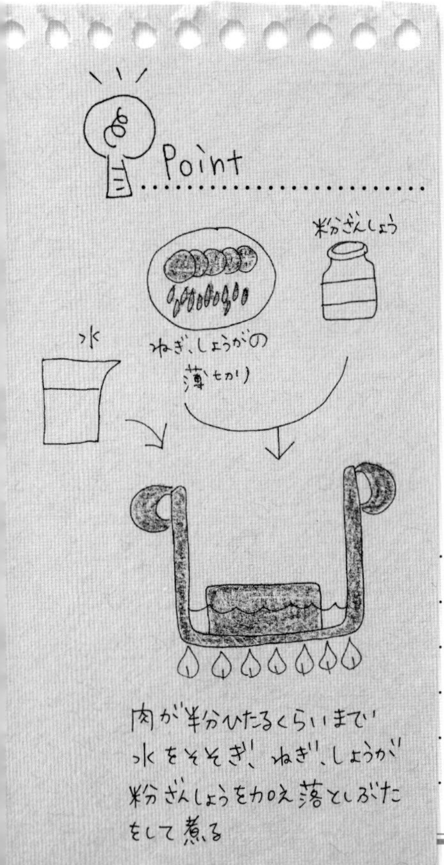

Point
粉ざんしょう
水
ねぎ、しょうがの
薄切り
肉が半分ひたるくらいまで
水をそそぎ、ねぎ、しょうが
粉ざんしょうを加え落としぶた
をして煮る

no. 49

＊賞味期限：冷蔵庫で約1週間

CHECK!

焼き豚

● 材料〈作りやすい分量〉

豚肩ロース肉（かたまり）… 300g
長ねぎ … 少々
しょうがの薄切り … 少々
水 … ½カップ
サラダ油 … 大さじ2
漬け汁
　しょうゆ … 大さじ2
　砂糖 … 大さじ2
　酒 … 大さじ1

● 作り方

1 豚肉は下味がしみ込みやすいように、フォークか菜ばしなどでつついて、多めに穴をあける。
2 漬け汁に①を入れ、長ねぎ、しょうがを加えて、2時間から半日ぐらい下味をつける。途中何回か肉をひっくり返す。
3 肉をとり出し、たこ糸で端からぐるぐる巻いて形を棒状に整え、巻き終わりはほどけないようにしっかり結んでおく（Point 参照）。
4 ③をなべに入れ、②の漬け汁と水をそそいで落としぶたをし、なべのふたもして、初めは強火、沸とうしたら中火よりやや弱めにして約20分煮込む。
5 煮つまったら肉をとり出して冷まし、たこ糸をはずす。
6 フライパンにサラダ油を熱し、周囲に焦げ目がつくように焼く。
7 ⑥が冷めたらラップに包んで冷蔵庫で保存する。

Point

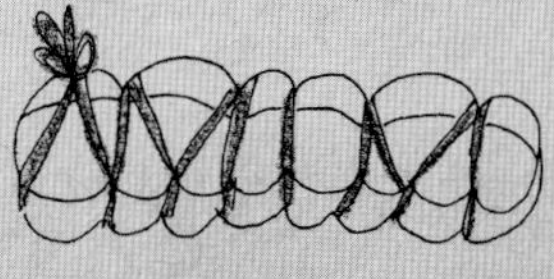

たこ糸をまいて
棒状に形をととのえる

no. 50
豚肉の南蛮漬け

豚ヒレ肉を切ってから、
びんやすりこ木などで
軽くたたくと、
中まで火が通りやすく、
出来上がりもやわらかく
作れる。

no. 51
鶏肉のみそ漬け

食べるときは、
みそをとり除いて、
フライパンでソテーしたり、
串焼きにしたり。
我が家では
お弁当の定番メニュー。

no.52
牛肉のしょうが煮

このレシピを
何度か作ってわかったのは、
アクをていねいにとると
きれいに仕上がるということ。
手間をかけた分だけ
おいしくなる。

no.53
鶏肉の粕漬け

粕漬けに使った酒粕は、
再度使えると聞いたから、
塩をふった魚や肉も
漬けてみよう。
たんぱくな食材に
コクが出るのが粕漬けの良さ。

CHECK !

no. 50 豚肉の南蛮漬け

＊賞味期限：冷蔵庫で３～４日

● **材料**〈作りやすい分量〉

豚ヒレ肉…200～300g
塩、こしょう、かたくり粉…各少々
漬け液
- みりん…大さじ2
- 酒…50mℓ
- しょうゆ…少々
- 酢…50～100mℓ
- 赤とうがらし…１本

揚げ油…適量
レモンスライス…４～５枚
針しょうが…少々

● **作り方**

1 豚ヒレ肉は１㎝の厚さに切り、びんかすりこ木などで軽くたたいて薄くのばし、塩、こしょうをする。

2 みりんと酒を煮立ててアルコール分をとばし(煮きり)、熱いうちに赤とうがらしを入れ、冷めたら、しょうゆと酢を加えて漬け液を作る。

3 ①の肉にかたくり粉をつけ、余分な粉ははたき落とし、なるべくきれいな油で揚げる。火加減はやや強火で。

4 ③の肉をバットに並べ、熱いうちに②の漬け液をジュッとかけ、上にレモンスライス(ゆずの皮などでも)と針しょうがを散らす。

5 ３～４時間経つと味がしみ込む。

CHECK !

no. 51 鶏肉のみそ漬け

＊賞味期限：冷蔵庫で食べごろから３～４日

● **材料**〈作りやすい分量〉

鶏もも肉(鶏手羽肉でも)…500g
塩…少々
みそ床
- 白みそ…400g
- 酒…50mℓ
- みりん…50mℓ
- 砂糖…30g

● **作り方**

1 鶏肉は適当な大きさに切る。

2 ①に塩をふり、１時間以上そのままにして塩をしみ込ませる。

3 白みそに酒、みりん、砂糖を加えてよく混ぜ、みそ床を作る。

4 平らな容器の底に、みそ床をたっぷりしき、鶏肉を少し間隔をあけて並べ、その上にみそ床をかぶせる。

5 ④の上に鶏肉を並べ、みそ床をかぶせて平らにならし密閉する。

6 ⑤を冷蔵庫に保存する。翌日からが食べごろになる。

CHECK !

no.52 牛肉のしょうが煮

＊賞味期限：冷蔵庫で約１週間

● **材料**〈作りやすい分量〉

牛こま切れ肉…300g
しょうが…１かけ
水…⅔カップ
しょうゆ…大さじ4
酒…大さじ2
みりん…大さじ1

● **作り方**

1 しょうがは皮をむいて薄切りにし、水（分量外）に5～6分漬けておく。
2 なべを熱し、牛肉を入れてから炒りし、脂肪がとけたら①と水を加える。
3 ②が煮立ったら、火を弱めて、浮いてくるアクをていねいにすくい、しょうゆ、酒、みりんを入れて中火で煮る。煮汁がほとんどなくなるまで、焦がさないように煮つめる。

CHECK !

no.53 鶏肉の粕漬け

＊賞味期限：冷蔵庫で食べごろから３～４日

● **材料**〈作りやすい分量〉

鶏もも肉…２枚
酒粕…500g
酒…½カップ
砂糖…大さじ2
みそ…100g
塩…小さじ1
ガーゼ…容器の大きさの2倍の長さ

● **作り方**

1 鶏もも肉は２つに切り、塩をふってざるに並べ、1時間ぐらいおいてから、水分をふきとる。
2 酒粕、酒、砂糖、みそをボウルに入れ、よく混ぜ合わせる。
3 平らな容器の底に②の半量を敷き、ぬらしてかたくしぼったガーゼをのせる。その上に鶏肉を並べ、ガーゼの余った部分を折り返して鶏肉にかぶせる。
4 ③に②の残りを平らにかぶせる。
5 ２～３日後ぐらいから食べごろになる。

no.54 肉みそ

とにかくもう一品ほしいというときに
パパっと作れるお助けレシピ。
レタスで巻いたり、おにぎりの具にしたり、用途は色々。

no.55 五目煮豆

五目煮豆は根菜類がたくさん食べられるので
献立のバランスをとるには最適。
食材の大きさをできるだけ同じにするのがコツ。

no.54

＊賞味期限：冷蔵庫で４～５日

CHECK !

肉みそ

● **材料**〈作りやすい分量〉

牛ひき肉 … 200g
しょうが … 5g
にんにく … 1かけ
長ねぎ … $\frac{1}{3}$本
A
- 酒 … 大さじ2
- テンメンジャン … 大さじ2
- みそ … 大さじ1
- しょうゆ … 小さじ1

ごま油 … 大さじ1

● **作り方**

1 しょうが、にんにく、長ねぎはみじん切りにする。

2 なべにごま油を熱し、①を炒めて香りが出たら牛肉を加えてさらに炒める。

3 ②にAを加えてよく炒め合わせる。

memo

no.55

＊賞味期限：冷蔵庫で３～４日

CHECK !

五目煮豆

● **材料**〈作りやすい分量〉

大豆…２カップ

ごぼう、にんじん、れんこん、
　こんにゃくの刻んだもの
　　…各½カップ

昆布…20～30㎝

A
- しょうゆ…大さじ4
- 砂糖…大さじ3
- みりん…大さじ2
- 塩…少々

酢…少々

● **作り方**

1 大豆をよく洗ってなべに入れ、大豆の重さの２倍の水（分量外）を入れ、ひと晩おく。

2 大豆が十分にふくらんだら、そのまま弱火でアクをとりながら、途中、水が少なくなったら足して、やわらかくなるまで煮る。

3 ごぼう、にんじん、れんこん、こんにゃく、昆布は１㎝角に切る。ごぼうとれんこんは切ったらすぐに酢水に漬けてアクをぬく。

4 ②の大豆に、③とAを加えて弱火で時々かきまぜながら、汁けがほとんどなくなるまで煮る。

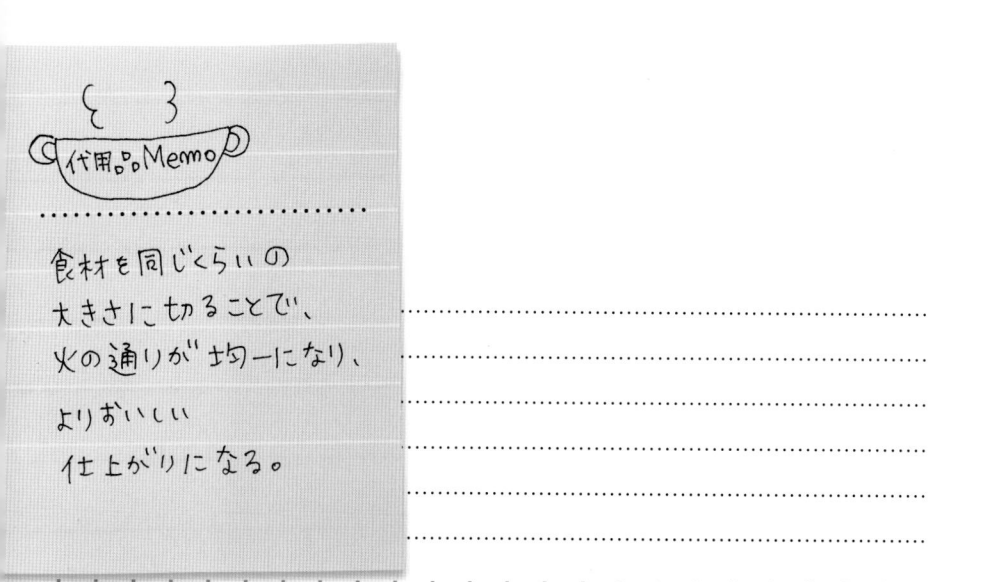

代用品Memo

食材を同じくらいの
大きさに切ることで、
火の通りが均一になり、
よりおいしい
仕上がりになる。

no. 56
きゃらぶき

きゃらぶきは、
ときどき火をとめて休ませながら
煮つめていくと、
中まで味がしみ込んで
おいしくなる。
煮含める時間も大切！

no. 57
炒り大豆のしょうゆ漬け

炒り大豆は、そのまま食べたり、
炊きたてのご飯に
混ぜたりするのが定番。
香ばしいしょうゆの香りが
食欲をそそる、素朴な一品。

no. 58
大根の葉の佃煮

大根の葉はビタミンが
豊富なので、買うときは
葉つきのものを選んでいる。
新鮮な葉は、佃煮にしたり、
菜めしにしたりと大活躍。

no. 59
ごまみそ

ごまみそは、簡単なあえものや
ご飯のおともになるので、
よく作る保存食の一つ。
煮つめるときに、
みそがはねるので注意！

CHECK !

no.56 きゃらぶき

＊賞味期限：冷蔵庫で１～２週間

● **材料**〈作りやすい分量〉

山ぶき … 200g
しょうゆ … ½カップ
砂糖 … 大さじ2
酒 … 50mℓ
昆布でとっただし汁 … 1カップ

● **作り方**

1 ふきは葉を切り落とす。
2 ①を水洗いし、皮をつけたまま５～6㎝長さに切る。たっぷりの湯に入れて２～３分ゆでてから水にとり、ざるに上げて水けをよくきり皮をむく。
3 なべにだし汁としょうゆ、砂糖、酒を煮立てて②を入れ、煮立ったら弱火にして、ときどきかき混ぜながら約20分煮る。火をとめて２～３時間そのままおく。
4 ③を容器に入れて冷蔵庫で保存する。

CHECK !

no.57 炒り大豆のしょうゆ漬け

＊賞味期限：冷蔵庫で１週間

● **材料**〈作りやすい分量〉

大豆 … 100g
昆布 … 10g
しょうゆ … ⅓カップ
みりん … ⅓カップ

● **作り方**

1 大豆は大豆の重さの２倍の水（分量外）と一緒にボウルに入れ、ひと晩おく。ざるにあげて水けをきる。
2 厚手のなべを熱して①を入れ、中火以下の火加減で、豆の中まで火が通るように気長に炒る。焦がさないように注意する。
3 昆布は水につけてやわらかくし、４～5㎝長さの細切りにする。
4 しょうゆとみりんに昆布を加えて煮立て、炒りたての豆を一気に入れてよく混ぜ合わせる。ジュッと音がするくらいアツアツを入れると、大豆がふっくらとしてかたくならない。
5 ④を容器に入れて冷蔵庫で保存する。

no. 58 大根の葉の佃煮

CHECK !

＊賞味期限：冷蔵庫で１週間

● **材料**〈作りやすい分量〉

大根の葉 … １本分
しょうがのみじん切り … 小さじ１
ごま油 … 大さじ１と½
酒 … 大さじ１
砂糖 … 小さじ⅓
しょうゆ … 大さじ１と½～２

● **作り方**

1 大根の葉は根元を切って葉をばらし、よく洗って、茎が太いときは縦半分にして細かく刻む。
2 なべにごま油を熱してしょうがを入れ、①を加えて、酒、砂糖、しょうゆを入れて汁けがなくなるまで炒り上げる。
3 ②を容器に入れて冷蔵庫で保存する。

no. 59 ごまみそ

CHECK !

＊賞味期限：冷蔵庫で２週間

● **材料**〈作りやすい分量〉

黒ごま … 大さじ３
赤みそ … 100g
砂糖 … 大さじ５
酒、みりん … 各大さじ１

● **作り方**

1 黒ごまは、弱火でこがさないように木じゃくしでかき混ぜながら、香ばしく炒る。
2 すり鉢に①を入れ、油が出るまでよくする。
3 なべに赤みそ、砂糖、酒、みりんを入れてよく混ぜ合わせる。
4 ③を弱火にかけ、焦げつかないようにじゃもじでかき混ぜながら、もとのみそのかたさになるまで煮つめる。熱いみそがポンポンはねるので、しゃもじを“り”の字型に静かに動かすとよい。
5 練り上げたみそを②に加え、さらによくすり混ぜる。
6 ⑤を容器に入れて冷蔵庫で保存する。

no.60
小魚のくぎ煮

瀬戸内海東部の沿岸部では
「いかなごのくぎ煮」として
有名な郷土料理。
小魚の身をくずさないために、
ほとんどかき混ぜないのが◎。

no.61
あさりのしぐれ煮

貝類は長時間煮ると
身がしまってかたくなるので、
火が通ったら煮汁だけを煮つめて
照りよく仕上げるのがポイント。

no. 62
のりの佃煮

白いご飯によく合う、
大好きなのりの佃煮。
塩分控えめにしたい場合は、
しょうゆの量を控えて
作るのがベター。

no. 63
昆布の佃煮

昆布は、だしをとったものを
捨てずに残しておいて使ってもよい。
圧力鍋だと簡単にできるらしいので、
次回はそちらにチャレンジ。

CHECK !

no.60 小魚のくぎ煮

＊賞味期限：冷蔵庫で１～２週間　冷凍庫で１カ月

● **材料**〈作りやすい分量〉

小女子（別名：いかなご）など … 1kg
しょうゆ … 1カップ
酒 … 50㎖
みりん … 100㎖
ざらめ（三温糖でも）… 250g
しょうが … 50g

● **作り方**

1 なべにしょうゆ、酒、みりん、ざらめを入れて煮立ててから、せん切りにしたしょうがを加える。

2 小女子を３回ほどに分けて入れ、アルミホイルでふたをして30～40分アクをとりながら煮る（途中であまり混ぜないこと）。

3 煮汁が少なくなったら火をとめて、なべをゆすってよくからめ、ざるにあけて冷ます。

4 ③を容器に入れて冷蔵庫で保存する。

CHECK !

no.61 あさりのしぐれ煮

＊賞味期限：冷蔵庫で４～５日

● **材料**〈作りやすい分量〉

あさりのむき身 … 300g
しょうが … 20g
しょうゆ … 大さじ4
みりん … 大さじ1
砂糖 … 大さじ1と½
酒 … 大さじ2
塩 … 少々

● **作り方**

1 あさりのむき身はざるに入れて薄い塩水の中で軽くふり洗いをして砂を落とし、さっと水洗いして水けをよくきる。

2 しょうがは皮をむいてごく細いせん切りにする。

3 浅いなべに、しょうゆ、みりん、砂糖、酒を入れて強火で煮立て、①、②を入れてかき混ぜながら、あさりがぷくっとふくらむまで煮て火からおろす。そのまま冷ましてあさりに味を含ませる。

4 別のなべに、③の煮汁だけをうつし、火にかけて煮汁が½量ぐらいになるまでとろりと煮つめ、あさりを加えて照りよく煮からめる。

5 ④を容器に入れて冷蔵庫で保存する。

CHECK !

no. 62 のりの佃煮

＊賞味期限：冷蔵庫で１～２週間

● **材料**〈作りやすい分量〉

焼きのり … 5枚

しょうゆ … 大さじ4

砂糖、みりん … 各大さじ1

● **作り方**

1 焼きのりをふきんに包んで、水を入れたボウルの中にひたしてしめらせる。水けをしぼり、適当な大きさにちぎる。

2 なべに①を入れ、しょうゆ、砂糖、みりんを加えて、弱火でコトコトと煮汁がなくなるまで煮て、全体がとろりとしたら火からおろして冷ます。

3 ②を容器に入れて冷蔵庫で保存する。

CHECK !

no. 63 昆布の佃煮

＊賞味期限：冷蔵庫で１～２週間

● **材料**〈作りやすい分量〉

昆布 … 100g

しょうゆ、みりん … 各大さじ2

酒 … $\frac{1}{4}$カップ

酢 … 小さじ2

水 … $\frac{3}{4}$カップ

● **作り方**

1 昆布は切り昆布ならそのまま、切っていないものは、はさみで約１.５cm角に切り、さっと洗い流してざるに上げ、1時間以上水きりしておく。

2 しょうゆ、みりん、酒、酢、水を合わせ、その中に①の昆布を漬け込んで8時間おく（前の晩に漬け込んでおくとラク）。

3 厚手のなべに②をうつし、初めはごく弱火にかけ、ときどき混ぜながら気長にじわじわと煮込む。

4 煮汁が少なくなり、昆布がやわらかくなったら、昆布をなべのまわりに寄せ、まん中の穴に出てくる煮汁を昆布にすくってかけながら、煮汁がほとんどなくなるまで煮つめる。火にかけ始めてから１～2時間はかかる。

5 完全に冷めたら、④をふた付きの容器に入れて冷蔵庫で保存する。

Part. 5

Fruit wine
果実酒

＊ 作ったレシピ ＊

梅酒

いちご酒

びわ酒

クランベリー酒

アロエ酒

ブルーベリー酒

レモン酒

no.64 梅酒

青梅の季節になると、その味を今年も楽しみたくて、
やっぱり漬けてしまう梅酒。
軽めに漬けても、何年もねかせても
それぞれの味わいが楽しめるから、
果実酒はおもしろい！

no.64

梅酒

● **材料**〈作りやすい分量〉

青梅 … 1kg

氷砂糖 … 500g

ホワイトリカー … 1.8ℓ

● **作り方**

1 青梅は傷つけないようにていねいに洗い、水けをよくきり、竹ぐしなどでヘタをとる。梅にしわができるのを防ぐには、竹ぐしで数箇所穴をあけておく。

2 清潔な容器に梅と氷砂糖を入れ、ホワイトリカーをそそぐ。

3 密閉して冷暗所で熟成させる。漬け込んでから1カ月半をすぎれば飲めるが、熟成には少なくとも3カ月は必要。半年から1年経つとおいしくなる。

4 1年すぎたら、梅の実をとり出し、液をこして保存容器に入れかえる。

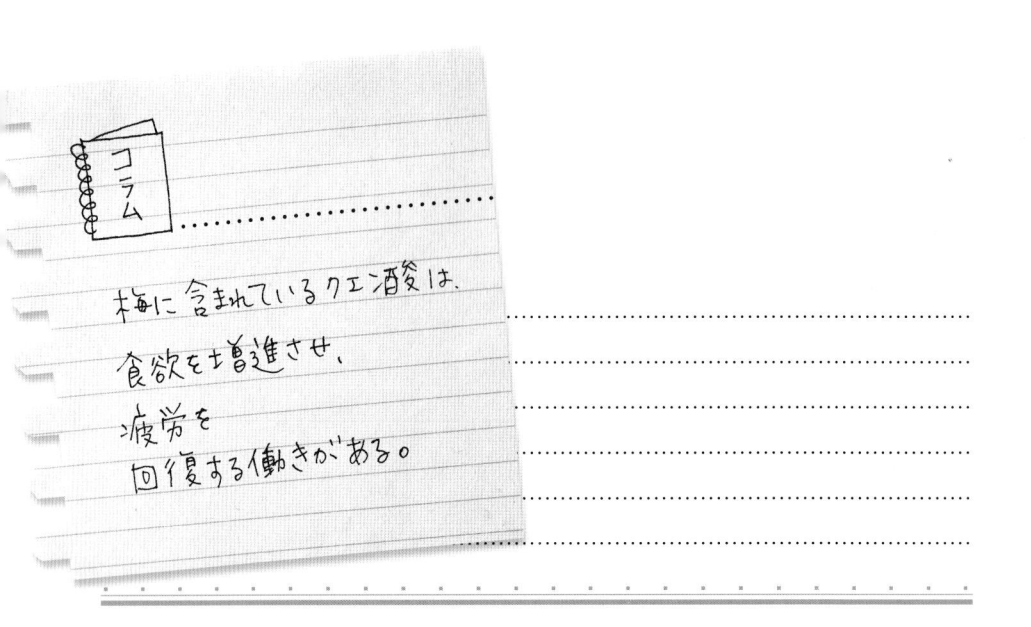

コラム

梅に含まれているクエン酸は、
食欲を増進させ、
疲労を
回復する働きがある。

CHECK !

＊賞味期限：日の当たらない、温度変化の
少ない場所なら何年でも保存可能

プロセス

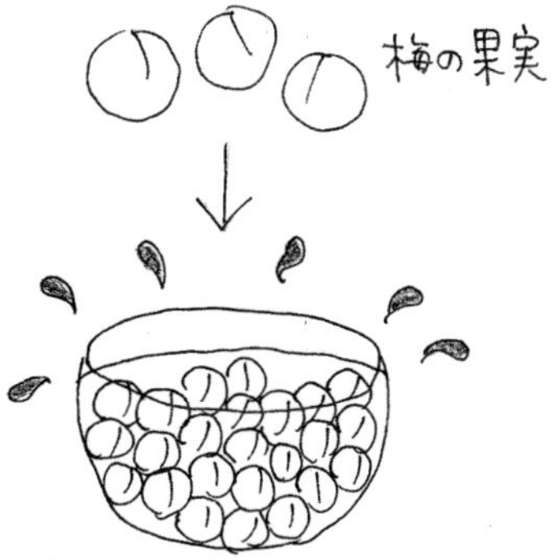

A 水洗い

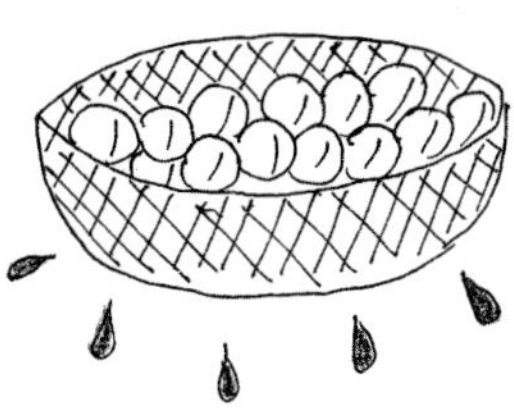

B 水きり

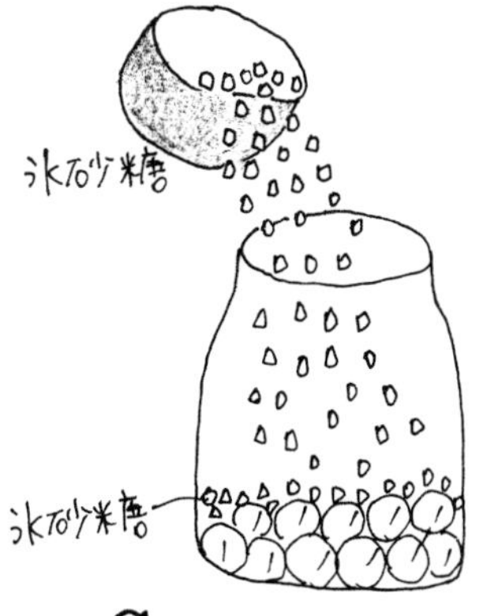

C 氷砂糖500g
を加える

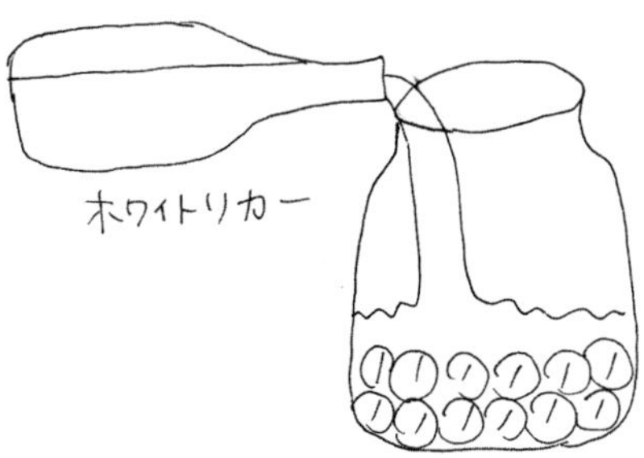

D ホワイトリカー1.8ℓ
をそそぎ込む。
密閉して冷暗所で
熟成させる。

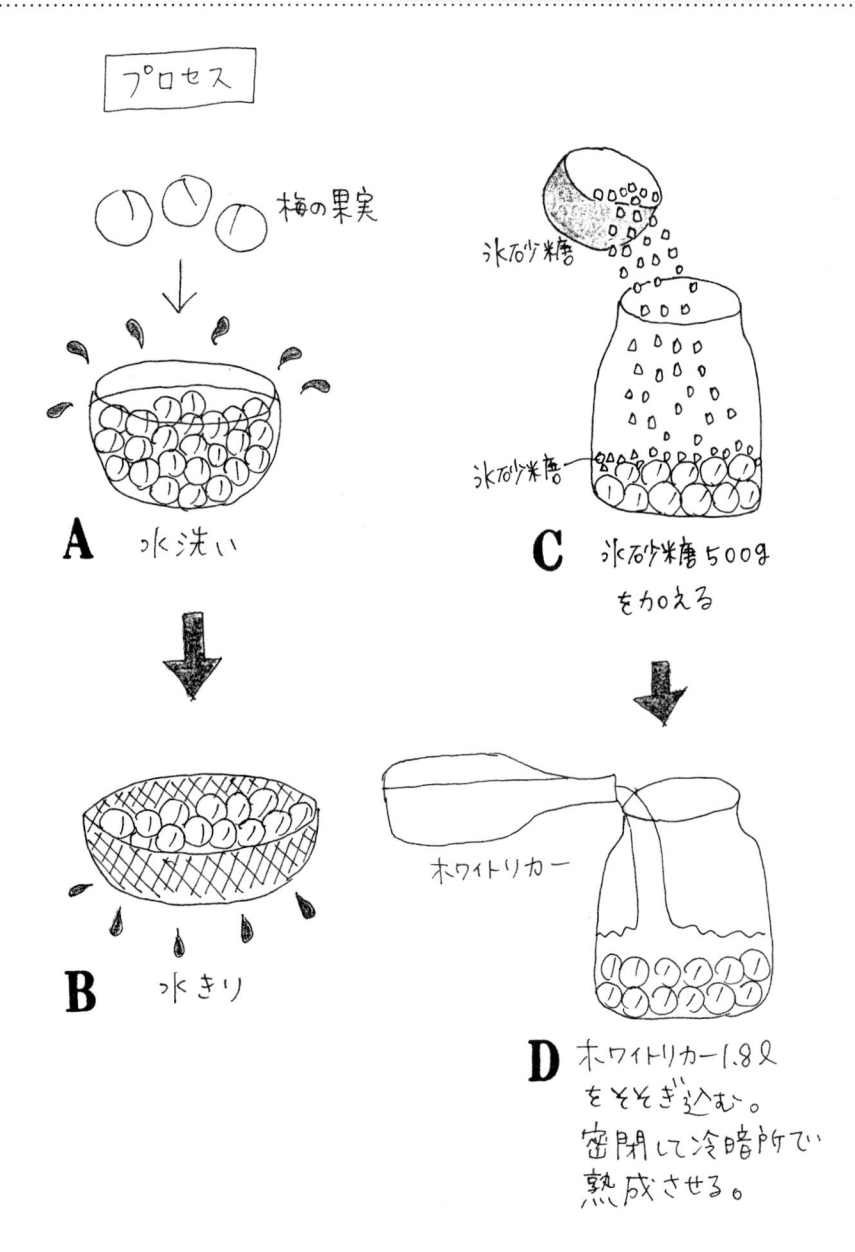

no. 65
いちご酒

淡いピンク色で、見た目も楽しめるいちご酒。
ストレートでもおいしく飲めるけれど、
梅酒を少し入れてブレンドしたものは、
甘い香りも手伝って最高の味わいに。

no.66
びわ酒

初夏になると、よく見かけるようになるびわ。
この時期、我が家ではびわの葉を煮出して
かゆみどめを作ったり（飲めないので注意）、
びわ酒を漬けたりと忙しい。

no. 65

＊賞味期限：日の当たらない、温度変化の少ない場所なら何年でも保存可能

CHECK !

いちご酒

● **材料**〈作りやすい分量〉

いちご … 1kg
レモン … 2個
氷砂糖 … 200 ～ 300g
ホワイトリカー … 1.8ℓ

● **作り方**

1 いちごはさっと水洗いして、水けをふいてヘタをとる。
2 レモンは皮をむいて、薄い輪切りにする。
3 清潔な容器に①、氷砂糖、②を入れ、ホワイトリカーをそそぐ。
4 ③を冷暗所で熟成させる。レモンは苦みがでるので、1週間後にとり出し、1カ月ぐらいしていちごが白くなったら、いちごをとり出す。

コラム

白桃、洋なし酒などにもレモンを加えると、ほどよい酸味が加わるとともに引き締まった味になる。

no.66

＊賞味期限：日の当たらない、温度変化の少ない場所なら何年でも保存可能

CHECK !

びわ酒

● **材料**〈作りやすい分量〉

びわ（完熟したもの）… 1kg

レモン … 4個

氷砂糖 … 100g

ホワイトリカー … 1.8ℓ

● **作り方**

1 びわをよく洗い、水けをふく。

2 レモンは皮をむいて、横半分に切る。

3 清潔な容器に①、②、氷砂糖を交互に入れ、ホワイトリカーをそそぐ。

4 ③を冷暗所で熟成させる。2カ月後にレモンを、1年後にびわをとり出す。

memo

no. 67
クランベリー酒

抗酸化作用があると
言われているポリフェノール
たっぷりのお酒。
よく洗って皮ごと漬けることで、
きれいな紫色になる。

no.68
アロエ酒

昔は「医者いらず」とも
呼ばれていたアロエ。
それくらい万能な食材なので、
手に入ったときはアロエ酒に。
整腸作用もあるとのこと。

no.69
ブルーベリー酒

ブルーベリーには生活習慣病の
予防に効果がある、
ビタミンE、ビタミンCが
豊富に含まれているので今年も漬けた。
口当たりの良いお酒。

no.70
レモン酒

ほどよい酸味と苦味があり、
さっぱりと飲める。
ビタミンCや、クエン酸が
多く含まれているので、
体にも良さそう。

CHECK !

no.67 クランベリー酒

＊賞味期限：日の当たらない、温度変化の少ない場所なら何年でも保存可能

● **材料**〈作りやすい分量〉

クランベリー … 400g

氷砂糖 … 100g

ホワイトリカー … 1ℓ

● **作り方**

1 クランベリーはよく洗って水けをふく。

2 清潔な容器に①と氷砂糖を入れ、ホワイトリカーをそそぐ。

3 ②を冷暗所で熟成させる。クランベリーは３カ月後にとり出す。

CHECK !

no.68 アロエ酒

＊賞味期限：日の当たらない、温度変化の少ない場所なら何年でも保存可能

● **材料**〈作りやすい分量〉

アロエの生葉 … 400g

グラニュー糖 … 100g

ホワイトリカー … 1.8ℓ

● **作り方**

1 アロエの葉をつけ根から切りとり、たわしでとげをけずるようによく洗い、小さく刻む。

2 ①をざるに広げて、半日ほど陰干しにする。

3 清潔な容器に②とグラニュー糖を入れ、ホワイトリカーをそそぎ冷暗所で熟成させる。

4 時々、中身が均一になるように上下にふる。アロエは１カ月後にとり出す。

no.69 ブルーベリー酒

CHECK !

＊賞味期限：日の当たらない、温度変化の少ない場所なら何年でも保存可能

● **材料**〈作りやすい分量〉

ブルーベリー … 500g

レモン … ½個

氷砂糖 … 100g

ホワイトリカー … 1ℓ

● **作り方**

1 ブルーベリーはよく洗って水けをふく。レモンは皮をむいて輪切りにする。

2 清潔な容器に①と氷砂糖を入れ、ホワイトリカーをそそぐ。

3 ②を冷暗所で熟成させる。レモンは苦みがでるので1週間後にとり出し、ブルーベリーは3カ月後にとり出す。

no.70 レモン酒

CHECK !

＊賞味期限：日の当たらない、温度変化の少ない場所なら何年でも保存可能

● **材料**〈作りやすい分量〉

レモン … 5個

氷砂糖 … 250g

ホワイトリカー … 1ℓ

● **作り方**

1 レモンは成分がとけ出しやすいので、先に氷砂糖をホワイトリカーでとかしておく。

2 レモンは湯にしばらくひたしてから、こすり洗いする。

3 皮を厚めにむき、果肉を1.5㎜厚さの輪切りにする。

4 清潔な容器に③の皮と果肉を入れ、①のホワイトリカーをそそぐ。

5 ④を冷暗所で熟成させる。2週間後にレモンの皮を、1カ月後にレモンの果肉をとり出す。

Part.6

Seasoning

調味料

＊ 作ったレシピ ＊

みそ

トマトソース

ラー油

トマトケチャップ

マヨネーズ

no.71 みそ

仕込みから出来上がりまでに
半年はかかるみそ。
でも、ビニール袋で作れば
1カ月で食べられると聞き、
さっそく仕込んだ。
こうじを多めに使うので、早くできて
少し甘めのみそに仕上がった。

no.71

みそ

● **材料**〈出来上がり 1kg 分〉

大豆水煮缶 … 450g

米こうじ … 400g

塩 … 80g

水 … 150㎖

ビニール袋 … 1枚

● **作り方**

1 ボウルに米こうじと塩を入れてよく混ぜ合わせる。

2 なべに大豆と水を入れて火にかけ、3～4分煮る。

3 ②をボウルにうつして、つぶがなくなるまでフォークなどでつぶす。

4 ①に③を入れてよく混ぜる。

5 ビニール袋に④を入れて空気を抜きながら平らにして口をしめ、風通しの良い場所におく。

6 最初の2週間は⑤を毎日もむ。水分が出てしっとりしてきたら4～5日おきによくもんでなじませる。

7 約1カ月で食べられる。

memo

CHECK !

＊賞味期限：冷蔵庫で約半年

プロセス

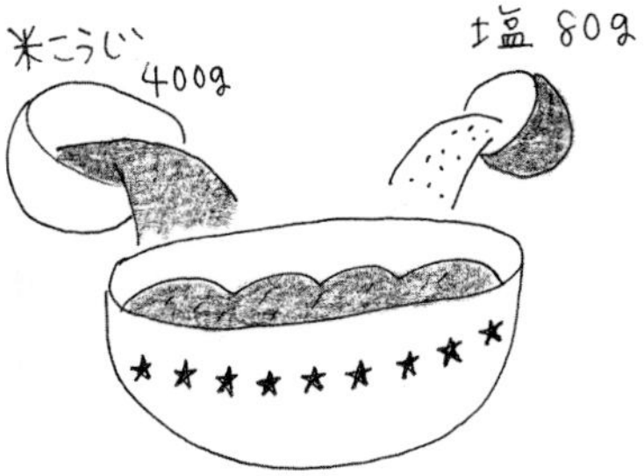

A ボウルに米こうじと塩を入れてよく混ぜる

B なべに大豆と水を入れて火にかけ、3〜4分煮る

C 大豆が煮えたらボウルにうつし、つぶがなくなるまでつぶす

D 米こうじと塩を混ぜたところにつぶした大豆を入れる

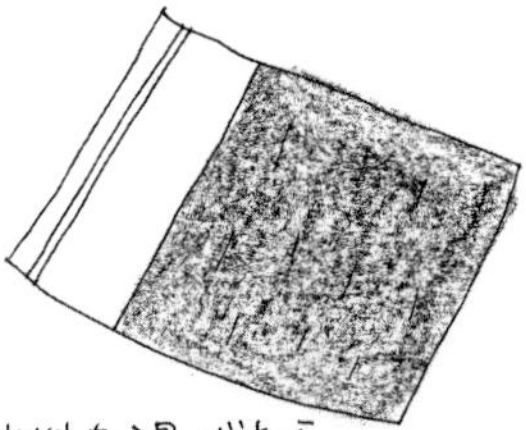

E 材料を混ぜたらビニール袋に入れて空気を抜きながら平らにして口をとめ、風通しの良い場所におく

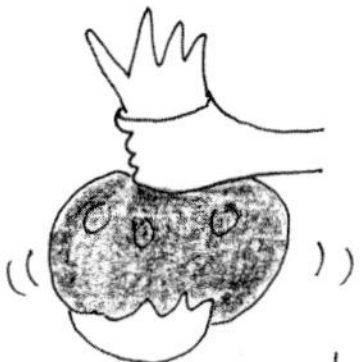

F 最初の2週間は毎日もむ。水分が出てしっとりしてきたら4〜5日おきによくもんでなじませる

no.72
トマトソース

トマトソースは
完熟トマトを使って作るのが
一番おいしい。
ピザやグラタン、ミートソースなど
色々な料理に使える。

no.73
ラー油

ラー油を上手に作るには、
フライパンで熱するときに、
赤とうがらしを焦がさないこと。
弱火でじっくり焦らずに作ろう。

no.74
トマトケチャップ

合成着色料も保存料も入らない、
とにかく安心なレシピ。
手間はかかるけれど、
安心にはかえられないから、
我が家はほとんど手作り。

no.75
マヨネーズ

作る器、泡立て器ともに
水分や油分のついていない、
乾いたものを使うのが鉄則！
器は酢を使うので
金属製でないものを用いること。

CHECK !

no.72 トマトソース

＊賞味期限：冷蔵庫で２～３日

● **材料**〈作りやすい分量〉

完熟トマト … 1.5kg
玉ねぎ … 中１個半
セロリ … １茎
にんじん … 中１本
ピーマン … ２～３個
トマトピューレ … 200g
トマトジュース缶 … 400g
ミックスハーブ … 少々
バター … 大さじ3
塩、こしょう … 各適量

● **作り方**

1 トマトは湯むきして縦半分に切り、種の部分を除いてざく切りにする。種の部分はこしてジュースをとる。
2 玉ねぎ、セロリ、にんじん、ピーマンはみじん切りにして、バターをとかしたなべで炒める。
3 野菜がきつね色になったら①とトマトピューレ、トマトジュースを加え、ミックスハーブを入れて、とろとろになるまで煮つめる。
4 ③を裏ごしするか、ミキサーにかけてすりつぶす。
5 もう１度目の細かい裏ごし器にかける。
6 ⑤をもう１度火にかけ、塩とこしょうで味を整え、とろりとするまで煮つめる。
7 ⑥を冷ましたら、１回に使う分ずつビニール袋に入れて冷凍するか、煮沸消毒したびんに入れて脱気（７ページ参照）し、冷蔵庫で保存する。

CHECK !

no.73 ラー油

＊賞味期限：冷暗所で約１カ月

● **材料**〈作りやすい分量〉

赤とうがらし … ５～６本
サラダ油 … ¾カップ
ごま油 … ¼カップ

● **作り方**

1 赤とうがらしは種ごとあらみじんに切る。
2 きれいなフライパンに新鮮なサラダ油と①を入れて弱火にかけ、少し煙が出はじめたら火をとめて冷まし、再び熱するというように２～３度くり返して、赤とうがらしの香り、辛みを油にうつす。
3 最後にごま油を加えて、ろ紙を通してびんに入れ、冷暗所に保存する。

CHECK !

no.74 トマトケチャップ

＊賞味期限：冷蔵庫で約２週間

● 材料〈作りやすい分量〉

トマトピューレ … 600g
水 … $\frac{2}{3}$カップ
玉ねぎ … 小$\frac{1}{4}$個
にんにく … 小１かけ
赤とうがらし … １本
酢 … 大さじ4
砂糖 … 大さじ4
塩 … 小さじ2
香辛料
- ローリエ … １枚
- シナモン … 小さじ$\frac{1}{3}$
- オールスパイス … 小さじ１
- ナツメグ … 小さじ$\frac{2}{3}$

● 作り方

1 小なべに水を入れ、玉ねぎとにんにくのみじん切りと、種を除いた赤とうがらしの小口切りを加え、弱火で30分煮て、ふきんでこす。
2 ホーロー引きか、ガラス製の小なべに、酢と香辛料を入れてさっと火を通し、二重にしたガーゼでこしておく。
3 ホーロー引きのなべに、トマトピューレと①、②の液を入れ、砂糖と塩を加えて、弱火で２割程度煮つめる。
4 ③を煮沸消毒したびんに入れて冷蔵庫で保存する。

CHECK !

no.75 マヨネーズ

＊賞味期限：冷蔵庫で２～３日

● 材料〈作りやすい分量〉

卵黄 … １個分
塩 … 小さじ$\frac{1}{3}$～$\frac{1}{2}$
こしょう … 小さじ1
練りがらし … 小さじ1
酢 … 大さじ１～１と$\frac{1}{2}$
サラダ油 … カップ$\frac{3}{4}$

● 作り方

1 水分や油分のない乾いたきれいなホーロー引きのボウルに、卵黄、塩、こしょう、練りがらしを入れ、泡立て器で20～30回、とろりとするまでかき混ぜる。
2 ①に酢小さじ１を加えてさらによく混ぜ、サラダ油を少量ずつ入れて手早くなめらかになるまでよく混ぜる。
3 サラダ油の分量が$\frac{1}{3}$程入り、かたくなってきたら、酢を小さじ１加えてよく混ぜ、今度はサラダ油を今までよりやや多めに加えながらさらによく混ぜ、全部入れ終わったら、残りの酢も加えて濃度を調節して仕上げる。最後に加える酢をとめ酢といって、さっと加熱させて冷ましてから加えると、保存がきく。

我が家の自家製タレ・ソース

no.76 トマトピューレ

＊賞味期限：冷蔵庫で約２週間

● **材料**〈 作りやすい分量 〉

完熟トマト 4kg、塩 40～80g

● **作り方**

1 トマトは完熟したものを選び、よく洗ってへたと種をていねいにとり、あらみじんに刻む。
2 ①をホーロー引きかガラス製のなべに入れ、ときどきかき混ぜながら強火で７～８分煮る。
3 ②を裏ごしし、②のなべを洗って再び入れ、弱火で½量になるまで煮つめる。酸味があるようなら、少量の砂糖を入れ、長く保存したいときは、塩を材料の重さの１～２％加える。
4 ③が熱いうちに煮沸消毒したびんに入れ、冷ましてからふたをし、冷蔵庫で保存する。

no.77 中華ダレ

＊賞味期限：冷蔵庫で約２週間

● **材料**〈 作りやすい分量 〉

サラダ油 1カップ、赤とうがらし 3本、しょうゆ 1カップ、酢 1カップ

● **作り方**

1 フライパンにサラダ油を熱して、赤とうがらしを姿のまま入れ、真っ黒になるまで火にかけておく。
2 赤とうがらしが黒くなったら火をとめてそのまま冷まし、油をこして赤とうがらしをとり出す。
3 ②に酢としょうゆを加え、煮沸消毒したびんに入れて冷蔵庫で保存する。

no.78 焼き肉のタレ

＊賞味期限：冷蔵庫で約１週間

● **材料**〈 作りやすい分量 〉

酒・しょうゆ 各1カップ、りんごのすりおろし ¾カップ、にんにくのすりおろし 2かけ分、赤とうがらし粉 小さじ1、しょうが汁 小さじ2、長ねぎ 1本、切り白ごま 大さじ1、ごま油 小さじ2

● **作り方**

1 小なべに酒、しょうゆ、りんご、にんにく、赤とうがらし粉、しょうがを合わせてひと煮立ちさせる。
2 ①が冷めたら、長ねぎのみじん切り、切り白ごま、ごま油を加える。

no.79 バーベキューソース

＊賞味期限：冷蔵庫で約１週間

● **材料**〈 作りやすい分量 〉

にんにく 10g

サラダ油・しょうゆ 各大さじ2、玉ねぎ ⅓個、酢 大さじ3、砂糖 小さじ1、ウスターソース 大さじ2、トマトケチャップ ½カップ、トマトピューレ ½カップ、チリパウダー・塩・パプリカ 各少々、水 ¼カップ

● **作り方**

1 にんにく、玉ねぎはごく細かいみじん切りか、すりおろしにする。
2 なべにサラダ油を熱し、①を２～３分炒める。
3 ②に水と調味料すべてを加え、弱火で５～６分煮て、冷ます。

no.80 すしめしの合わせ酢

＊賞味期限：冷蔵庫で２日

● **材料**〈 米３合に対して 〉

酢 大さじ5、砂糖 大さじ2、塩 大さじ½

● **作り方**

1 小なべに酢、砂糖、塩を入れて火にかける。砂糖がとけたら火をとめる。

※炊きたてのごはんと合わせる。

no. 81 二杯酢

＊賞味期限：冷蔵庫で２日

● **材料**〈作りやすい分量〉

酢 大さじ3、しょうゆ 大さじ1

● **作り方**

1 小さい器に酢としょうゆを入れ、よく混ぜ合わせる。

※おもに下味用に使われる、だし汁を大さじ１程度加えてもよい。

no. 82 三杯酢

＊賞味期限：冷蔵庫で２日

● **材料**〈作りやすい分量〉

酢 大さじ3、しょうゆ 大さじ1、
砂糖 小さじ1と½

● **作り方**

1 小さい器に酢としょうゆ、砂糖を入れ、よく混ぜ合わせる。

※酢の物の一般的なものに使う。しょうゆの色をあまりつけたくないときは薄口しょうゆを使うとよい。だし汁を大さじ1程度加えても。

no. 83 甘酢

＊賞味期限：冷蔵庫で２日

● **材料**〈作りやすい分量〉

酢 大さじ3、砂糖 大さじ2、塩 小さじ⅓

● **作り方**

1 小さい器に酢、砂糖、塩を入れ、よく混ぜ合わせる。

※甘みがあるので野菜のあえものむき。

no. 84 そばつゆ

＊賞味期限：冷蔵庫で２～３日

● **材料**〈作りやすい分量〉

だし汁 6カップ（水7カップ、昆布 10㎝、鰹節 40g）、しょうゆ ½カップ、みりん 大さじ2、砂糖 大さじ1

● **作り方**

1 なべに水と昆布を入れて弱火にかけ、昆布が浮いてきたらとり出す。沸とうする前に弱火にして鰹節を入れ、約5分煮てアクをとり、ペーパータオルを敷いたざるでこす。

2 別のなべにみりんを入れて強火にかけて煮きり、砂糖を加える。砂糖がとけたらしょうゆを入れて火をとめる。

3 ①と②を合わせる。

no. 85 天つゆ

＊賞味期限：冷蔵庫で２～３日

● **材料**〈作りやすい分量〉

だし汁 2カップ、薄口しょうゆ 大さじ2、みりん 大さじ1、砂糖 小さじ2

● **作り方**

1 だし汁（143ページそばつゆ参照）をなべに入れ、煮立ち始めたら調味料をすべて入れる。砂糖がとけたら出来上がり。

no. 86 白あえの衣

＊賞味期限：冷蔵庫で２日

● **材料**〈作りやすい分量〉

豆腐 ½丁（150g）、砂糖 大さじ1、しょうゆ 小さじ½、塩 小さじ⅓

● **作り方**

1 豆腐は重しをして十分に水けをきる。

2 豆腐をすり鉢ですり、砂糖、しょうゆ、塩を入れて混ぜ合わせる。

昔ながらのおやつ

no. 87 あられ

● **材料**〈作りやすい分量〉

もちのあられ切り 1カップ、揚げ油 適量、塩 少々、砂糖みつ(砂糖4：水3) 適量

● **作り方**

1 もちはやわらかいうちに5㎜ぐらいのあられに切り、陰干しにして、十分乾かす。

2 揚げ油を130度ぐらいの低温に熱し、この中にあられを入れて、菜ばしでかきまわしながら、ゆっくり時間をかけて揚げる。

3 揚げたてに塩をふる。

4 なべに砂糖4、水3の割合の砂糖みつを煮つめ、揚げたあられを入れて手早く菜ばしでかき混ぜて、サラダ油(分量外)を薄く塗ったバットにバラバラにはなしてのせ、うちわであおいで冷ます。

no. 88 練りようかん

● **材料**〈作りやすい分量〉

こしあん、砂糖 各300g、寒天 1本、水 300㎖

● **作り方**

1 寒天を水(分量外)にひたし、ふやけさせたら水けをきって細かくちぎる。なべにふやけた寒天と水を入れ、煮とかす。

2 ①に砂糖を加え、強火にかけて糸が引くまで煮つめる。

3 ②にこしあんを少しずつ加え、木べらでかき混ぜながら練りあげる。

4 小さな泡が消え、大きな泡が出るようになったら火からおろし、型に流し入れる。

5 冷蔵庫で冷やしかためて完成。

no. 89 かりんとう

● **材料**〈作りやすい分量〉

小麦粉 200g、ベーキングパウダー 大さじ1、塩 小さじ½、卵 大1個、砂糖 60g、黒砂糖 100g、水 カップ½、揚げ油 適量

● **作り方**

1 小麦粉、ベーキングパウダー、塩を一緒にふるいにかけておく。

2 ボウルに卵を割りほぐし、砂糖を加えて混ぜ合わせ、これに①をふるって入れて、木べらで混ぜ合わせる。

3 まな板の上にとり出して、5㎜ぐらいの厚さにのばし、長さ4〜5㎝、幅8㎜ぐらいの棒状に切って、ねじる。

4 揚げ油を160度の中温に熱し、③を入れて、ゆっくり色づくまで揚げる。

5 なべに黒砂糖と水を入れて火にかけ、少し煮つめる。泡が細かくなって、糸を引くようになったら④を入れて手早くからめ、とり出して、サラダ油(分量外)を薄く塗ったバットに広げて冷ます。

no.90 いもようかん

● **材料**〈作りやすい分量〉

さつまいも 450g、砂糖 300g、寒天 1本、水 150mℓ

● **作り方**

1 さつまいもの皮をむいて、細かく切る。水(分量外)でさらしたあと、水で煮あげる。煮あがったさつまいもはよくつぶしてから、裏ごしする。

2 寒天は水(分量外)にひたし、ふやけたら水をきってちぎる。なべにふやけた寒天と砂糖を入れ、煮とかす。

3 ②に①を入れて煮つめ、型に流して冷蔵庫で冷やしかためて完成。

no.91 くるみのあめ煮

● **材料**〈作りやすい分量〉

くるみ 正味200g、しょうゆ・みりん 各¼カップ、砂糖 1カップ

● **作り方**

1 乾燥したくるみをボウルに入れ、熱湯をそそいで手早く洗い、ざるに上げて水けをきる。

2 なべに砂糖、しょうゆ、みりんを入れて、中火で煮つめる。煮汁が半量になったら①を加える。このとき、かきまわすとかたまってしまうので、なべを上下左右にゆり動かしながら煮る。

3 汁があめ状態になったら火をとめて、ふたのある容器にうつして保存する。

no.92 ナッツキャンディー

● **材料**〈作りやすい分量〉

ピーナツ 正味100g、くるみ 正味50g、アーモンド 50g、砂糖 200g、水 大さじ1、水あめ 大さじ1、バター 適量

● **作り方**

1 ピーナツ、くるみ、アーモンドをあらく刻む。

2 なべに砂糖と水を入れて煮立て、水あめを加え、キャラメル状になるまで煮つめ、①を入れてからめる。

3 バターをぬったステンレスのバットに②をうつし、厚さを均一にして冷まし、ややかたまったら切り分ける。

no.93 べっこうあめ

● **材料**〈作りやすい分量〉

砂糖 70g、水 大さじ3、サラダ油 適量

● **作り方**

1 クッキングシートかアルミホイルにサラダ油を薄く塗る。その上にサラダ油を塗ったクッキーの型などをおいておく。

2 なべに砂糖と水を入れて火にかけ、うっすらと色がついてきたら、かき混ぜずに鍋をまわしながら色を均等につけて火をとめる。

3 すばやく①に流してかためる。

中村佳瑞子

ならむらかずこ。料理・菓子研究家。管理栄養士の資格を持ち、ヘルシーメニューなどを雑誌に多数掲載。保存食作りは毎年欠かさず、好みの食材を産地からとり寄せて作るほどのこだわりがある。昨年はいかなごのくぎ煮がブームだったとか。数年前から、東京都内でカフェイベントなども開催している。著書に『コレステロールを下げる食事』(成美堂出版)、『みんな大好き！ クッキー』(主婦の友社)がある。

Staff

監修、料理製作、スタイリング ● 中村佳瑞子
表紙、本文デザイン ● 成田由弥〈moca graphics〉
撮影 ● 山田洋二
イラスト ● Shino
校正 ● ディクション株式会社　永田千華
企画、編集 ● 戸田賀奈子

365日楽しめる 私の保存食ノート

2010年8月4日　第1刷発行

編　者／メトロポリタンプレス
監　修／中村佳瑞子
発行者／林　定昭
発行所／メトロポリタンプレス
〒101-0044　東京都千代田区鍛冶町1-4-7
〈編集〉03-5207-6428　〈営業〉03-5207-6426
http://www.metpress.co.jp
印刷所／株式会社ティーケー出版印刷

©2010 Metropolitan Press Corporation
ISBN978-4-904759-24-0　C0077
Printed in Japan

■乱丁本、落丁本はおとりかえします。お買い求めの書店か、メトロポリタンプレスにご連絡ください。
■本書の内容（写真・図版を含む）の一部または全部を、事前の許可なく無断で複写・複製したり、または著作権法に基づかない方法により引用し、印刷物・電子メディアに転載・転用することは、著作者および出版社の権利の侵害となります。